Korean language for quick learning

速修韓国語
基本文法編

著・延恩株

안녕하세요

はじめに

　本書は、初めて韓国語を学習しようとする初習者の皆さんが、先ず向き合うことになる韓国の文字であるハングルの発音と、それに関わる発音の変化をスムーズに習得できるよう工夫をこらしています。また入門時にしっかり学習しておくべき基本的な文法も、文意を理解するのにどうしても必要な最少限の項目にしぼり、次のステップへスムーズに進めるように編集されています。

　韓国語は文法上は日本語とよく似ています。助詞の"てにをは"がありますし、日本語と同じ語順で用いられます。また日本語とよく似た発音で、しかも意味も同じという言葉も多く、親近性のある言語と言えます。さらにもう一つ、日本人になじみやすいのは、ハングルが日本語の"あいうえお"と同じ機能を持ち、母音と子音の組み合わせを覚えれば、誰でも発音できることです。

　しかしその一方で、ハングルにはその母音と子音の組み合わせどおりに発音しない組み合わせもかなりあり、初心者泣かせの一面も持っています。

　韓国語に限らず、初めて学習する外国語は出発時に正確な発音と言語上の約束事をきちんと理解することがいちばん大切です。土台がしっかりしていない建築物では安定した住み心地が得られないのと同じです。言い換えれば、しっかりした土台を作り上げさえすれば、学習する皆さんに自信が芽ばえ、皆さんが進んで本書を手に取り、自学自習の楽しさを味わえるようになると信じています。

　本書は、韓国語を長年教えてきた筆者なりの経験を活かし、その土台作り段階での学習上の工夫を組み込みました。ハングルの表記、発音、そして変化する発音、さらに使われる場によって変わる表現などには、注意をうながすために目で見てすぐにわかるようにしてあります。矢印やゴチック文字、異なる文字色の多用はそのためです。

　また自学自習の楽しみを味わえるように、発音の変化や文法上の約束事の説明文はわかりやすくするよう心がけました。

　さらに会話文の内容は、できるだけ皆さんが興味を持てるような話題を取り入れ、単語の意味を日本語で示したのも、自分から教科書に入り、"発音してみる""日本語に訳してみる"学習に積極的に取り組むことを願ってのことです。

　この教科書は、1週2コマ（90分×2）の授業を想定し、2セメスター（30週）で終わるように編集してあります。

　皆さんが本書を1年間、楽しく学び、韓国語の入門篇から次のステップに進めることを願っています。それでは韓国語の学習を始めましょう！

延　恩　株
2017年1月15日

速修韓国語 基本文法編【目次】

はじめに ... 3

文字・発音編

韓国語の文字を"ハングル"(한글)ともいいます。 ... 9
●文字の成立は？／韓国語の文字表

1　ハングルの母音は、21個です。 ... 12
①基本母音10個　②複合母音11個

2　ハングルの子音は、19個です。 ... 13
①基本子音14個　②複合子音5個

3　文字の構造 ... 14

4　ハングルの書き方は？ ... 15
①基本母音　②複合母音　③基本子音と基本母音の組み合わせ
④複合子音と基本母音の組み合わせ　⑤基本子音と複合母音の組み合わせ
⑥複合子音と複合母音の組み合わせ

5　終声子音の音（規則）（パッチム） ... 20

6　発音（の規則）について ... 23
●有声音化　●連音化　●ㅎの変化　①ㅎの無音化　②ㅎの弱(音)化　●濃音化
日本語音のハングル表記／日常表現（あいさつ）

文法編

1　体言の丁寧表現「～です」形(体言の肯定文) ... 38
●発音規則 鼻音化

　助詞　所有関係を表す「～の」 ... 41
　助詞　主題を表す「～は」 ... 42

2	ものや名前などの紹介表現「～という、～と申す」	43
3	体言の丁寧表現「～です」形(体言の否定文)	44
	①終結語尾；～ではない ②接続語尾；○○ではなく(て)○○です。	
4	電話番号、日にちなどに使われる「数詞」(漢字語形)	46
	●数をたずねるときの疑問詞表現 ●単位・数の基準を表す「～で」	
5	人やものの存在の有無を表す「いる・ある/ない・いない」	48
	助詞 主語を表す「～が」	48
	助詞 場所・位置・時(時間など)を表す「～に」①	49
	●発音規則 激音化	
6	フォーマルな丁寧表現「～です・ます」形	52
	助詞 対象を表す「～を」	53
	助詞 動作が行われる場所を表す「～で」	54
	助詞 物や人を列挙する「･～と」	55
7	目的用言の「～する」(-하다用言)	55
8	現在の状況や動作の継続を表す「～している」(進行形)	57
	助詞 添加、追加の意を表す「～も」	58
9	縮約を伴う丁寧表現「～です、ます」形	59
10	行き来など移動目的を表す接続語尾「～しに」	61
11	丁寧なニュアンスを表す終結語尾表現	61
	～のことです(か)、～です(ね)、～ですって!?	
	助詞 方向を表す「～に」②	62
	助詞 「～で、～へ、～として」	63
12	敬語(尊敬形)の表現	64
	「～される、～(ら)れる、(お)～になる、～なさる/～でいらっしゃる」	
13	お願いなど依頼形の丁寧表現「～(し)て下さい」	66
	助詞 (時間・日付・場所・順序の起点)から (到着・終了・限度・地点)まで	68
14	物や人の数の数え方に使われる「数詞」(固有語形)	68

| 15 | 過去形「〜でした、〜(し)ました」 | 71 |

● 過去形① 指定詞 肯定 / 指定詞 否定 / 存在詞 / 〜하다用言
● 過去形② 結合の場合(4パターン) 脱落の場合(5パターン)

| 16 | 並列の接続語尾表現 | 76 |

「〜(し)て、〜(く)て、〜であり、〜(する)し、〜(だ)し、〜(し)てから」

助詞 人・動物につけて表す「〜に、〜へ」　77

17	不規則活用形「으変則用言」	78
18	用言の丁寧表現「否定形」〜(く)ない、〜(し)ない、〜(で)ない	79
19	用言(動詞・하다用言)の丁寧表現「不可能形」	80

〜(することが)できない、〜られない

20	逆接を表す接続語尾「〜(する)が、〜(だ)けれど(も)」	81
21	「ㄹ(リウル)」語幹の用言について	82
22	話し手の希望や願望を表す終結語尾「〜したい」	83
付録	韓国語の辞書を引くときの「調べ方」	85

文字・発音編

韓国語の文字を"ハングル (한글)"ともいいます。

●文字の成立は？

1443年の朝鮮時代（1392～1910）に、第4代目の世宗大王（セジョンデワン「세종대왕」、在位1418～1450年）が漢字の読めない一般庶民のために作り上げた文字です。その後、この文字は「訓民正音」（フンミンジョンウム「훈민정음」）という名で1446年に正式に公布されました。

"ハングル"と呼ばれるようになったのは、1900年前後の朝鮮の言語学者であり国文学者でもあった周時經（チュウ・シギョン「주시경」、1876～1914）によって広まったと言われています。

世宗大王は現在、韓国で使用されている1万ウォン札にその肖像画が用いられています。また、10月9日は「ハングルの日」で韓国の祝日になっています。

「訓民正音」は、その原理や理論が非常に合理的であることから、1997年にはユネスコの「世界文化記録遺産」にも登録されました。

韓国語文字の母音は、陰陽五行の陰陽原理「天・地・人」を表しています。
宇宙を構成している要素とされる「天」を「・」に、「地」を「―」に、「人」を「｜」として表し、この３つの要素が組み合わされて創られています。

子音は、陰陽五行の五行原理「木・火・土・金・水」を表しています。
発声するときの方位や口の形や舌の形など発音器官を形取った、牙音（ㄱ）、舌音（ㄴ）、唇音（ㅁ）、歯音（ㅅ）、喉音（ㅇ）が基本になって創られています。

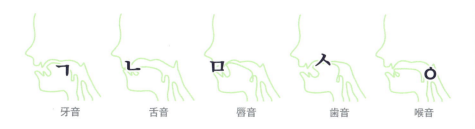

牙音　　舌音　　唇音　　歯音　　喉音

韓国語の文字表

子音 \ 母音			1 ㅏ [a]	2 ㅑ [ya]	3 ㅓ [eo]	4 ㅕ [yeo]	5 ㅗ [o]	6 ㅛ [yo]	7 ㅜ [u]	8 ㅠ [yu]	9 ㅡ [eu]	10 ㅣ [i]	11 ㅐ [ae]
1	ㄱ	[k/g]	가	갸	거	겨	고	교	구	규	그	기	개
2	ㄴ	[n]	나	냐	너	녀	노	뇨	누	뉴	느	니	내
3	ㄷ	[t/d]	다	댜	더	뎌	도	됴	두	듀	드	디	대
4	ㄹ	[r/l]	라	랴	러	려	로	료	루	류	르	리	래
5	ㅁ	[m]	마	먀	머	며	모	묘	무	뮤	므	미	매
6	ㅂ	[p/b]	바	뱌	버	벼	보	뵤	부	뷰	브	비	배
7	ㅅ	[s]	사	샤	서	셔	소	쇼	수	슈	스	시	새
8	ㅇ	[ng]	아	야	어	여	오	요	우	유	으	이	애
9	ㅈ	[j]	자	쟈	저	져	조	죠	주	쥬	즈	지	재
10	ㅊ	[ch]	차	챠	처	쳐	초	쵸	추	츄	츠	치	채
11	ㅋ	[kʰ]	카	캬	커	켜	코	쿄	쿠	큐	크	키	캐
12	ㅌ	[tʰ]	타	탸	터	텨	토	툐	투	튜	트	티	태
13	ㅍ	[pʰ]	파	퍄	퍼	펴	포	표	푸	퓨	프	피	패
14	ㅎ	[hʰ]	하	햐	허	혀	호	효	후	휴	흐	히	해
15	ㄲ	[kk]	까	꺄	꺼	껴	꼬	꾜	꾸	뀨	끄	끼	깨
16	ㄸ	[tt]	따	땨	떠	뗘	또	뚀	뚜	뜌	뜨	띠	때
17	ㅃ	[pp]	빠	뺘	뻐	뼈	뽀	뾰	뿌	쀼	쁘	삐	빼
18	ㅆ	[ss]	싸	쌰	써	쎠	쏘	쑈	쑤	쓔	쓰	씨	쌔
19	ㅉ	[jj]	짜	쨔	쩌	쪄	쪼	쬬	쭈	쮸	쯔	찌	째

12	13	14	15	16	17	18	19	20	21	母音 / 子音		
ㅒ [yae]	ㅔ [e]	ㅖ [ye]	ㅘ [wa]	ㅙ [wae]	ㅚ [oe]	ㅝ [wo]	ㅞ [we]	ㅟ [wi]	ㅢ [ui]			
걔	게	계	과	괘	괴	궈	궤	귀	긔	[k/g]	ㄱ	1
냬	네	녜	놔	놰	뇌	눠	눼	뉘	늬	[n]	ㄴ	2
댸	데	뎨	돠	돼	되	둬	뒈	뒤	듸	[t/d]	ㄷ	3
럐	레	례	롸	뢔	뢰	뤄	뤠	뤼	릐	[r/l]	ㄹ	4
먜	메	몌	뫄	뫠	뫼	뭐	뭬	뮈	믜	[m]	ㅁ	5
뱨	베	볘	봐	봬	뵈	붜	붸	뷔	븨	[p/b]	ㅂ	6
섀	세	셰	솨	쇄	쇠	숴	쉐	쉬	싀	[s]	ㅅ	7
애	에	예	와	왜	외	워	웨	위	의	[ng]	ㅇ	8
쟤	제	졔	좌	좨	죄	줘	줴	쥐	즤	[j]	ㅈ	9
챼	체	쳬	촤	쵀	최	춰	췌	취	츼	[ch]	ㅊ	10
컈	케	켸	콰	쾌	쾨	쿼	퀘	퀴	킈	[kʰ]	ㅋ	11
턔	테	톄	톼	퇘	퇴	퉈	퉤	튀	틔	[tʰ]	ㅌ	12
퍠	페	폐	퐈	퐤	푀	풔	풰	퓌	픠	[pʰ]	ㅍ	13
햬	헤	혜	화	홰	회	훠	훼	휘	희	[hʰ]	ㅎ	14
꺠	께	꼐	꽈	꽤	꾀	꿔	꿰	뀌	끠	[kk]	ㄲ	15
떄	떼	뗴	똬	뙈	뙤	뚸	뛔	뛰	띄	[tt]	ㄸ	16
뺴	뻬	뼤	뽜	뽸	뾔	뿨	쀄	쀠	쁴	[pp]	ㅃ	17
썌	쎄	쎼	쏴	쐐	쐬	쒀	쒜	쒸	씌	[ss]	ㅆ	18
쨰	쩨	쪠	쫘	쫴	쬐	쭤	쮀	쮜	쯰	[jj]	ㅉ	19

※表にない ㅓ ㅖ ㅖ ㅐ ㅕ ㅛ ㅑ ㅐ ㅖ ㅛ ㅜ ㅖ ㅠ ㅠ などの母音組み合わせ文字は使用しないので要注意!

文字・発音編

1 ハングルの母音は、21個です。

①基本母音10個

1	2	3	4	5	6	7	8	9	10
ㅏ	ㅑ	ㅓ	ㅕ	ㅗ	ㅛ	ㅜ	ㅠ	ㅡ	ㅣ

②複合母音11個

11	12	13	14	15	16	17	18	19	20	21
ㅐ	ㅒ	ㅔ	ㅖ	ㅘ	ㅝ	ㅙ	ㅞ	ㅚ	ㅟ	ㅢ

参考

その1
21個の母音のうち、語感が軽く、明るく、さえた音で、はやい感じの「ㅏㅑㅗㅛㅐㅒㅘㅚㅙ」を「陽(声)母音」という。また、語感が重く、暗く、くすんだ音で、のろい感じの「ㅓㅕㅜㅠㅔㅖㅝㅟㅞㅡㅣ」を「陰(声)母音」という。

その2
①「ㅏㅑㅗㅜㅡㅣㅐㅔㅚㅟ」は、音を出す間に唇の形や舌の位置が変わらない「単母音」として発音する。ただし、「ㅚとㅟ」は二重母音として発音できる。
②「ㅑㅕㅛㅠㅒㅖㅘㅝㅙㅞㅢ」は、音を出す間に唇や舌が動く「二重母音」として発音する。

もっと詳しく！

21個もありますが、基本(10個)の形の組み合わせです。

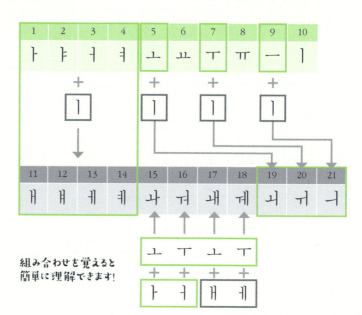

組み合わせを覚えると簡単に理解できます！

2　ハングルの子音は、19個です。

①基本子音14個

1	2	3	4	5	6	7	8	9	10	11	12	13	14
ㄱ	ㄴ	ㄷ	ㄹ	ㅁ	ㅂ	ㅅ	ㅇ	ㅈ	ㅊ	ㅋ	ㅌ	ㅍ	ㅎ

②複合子音5個

15	16	17	18	19
ㄲ	ㄸ	ㅃ	ㅆ	ㅉ

 発音器官を形取って創られた基本字に画が1つずつ加えられています。

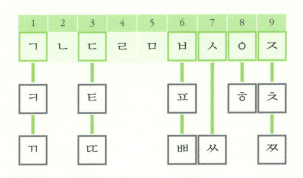

※子音の分類（発音の仕方で区別）

平音	ㄱ ㄷ ㅂ ㅅ ㅈ	流音	ㄹ
激音	ㅋ ㅌ ㅍ ㅊ	喉音	ㅇ ㅎ
濃音	ㄲ ㄸ ㅃ ㅆ ㅉ	鼻音	ㄴ ㅁ

文字・発音編

3 文字の構造

　韓国語の文字は、1文字で1音節となります。音節とは、音の単位を表す意味です。基本的には「子音と母音の組み合わせによって一つの文字となり、それを音節」と呼びます。

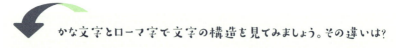

かな文字とローマ字で文字の構造を見てみましょう。その違いは？

日本語の母音「あ い う え お」を韓国語の母音で表すと、"ㅏ ㅣ ㅜ ㅔ ㅗ"、ローマ字では「a i u e o」となります。例えば、

ㄱ (k) +
ㅏ (a) = 가 (ka) か
ㅣ (i) = 기 (ki) き
ㅜ (u) = 구 (ku) く
ㅔ (e) = 게 (ke) け
ㅗ (o) = 고 (ko) こ

このひと固まりが音の単位を表す音節

　つまり、韓国語の文字（ハングル）はローマ字同様、1音を表す子音と母音が組み合わされ1音節を表す文字です。日本語のかな文字の構造とは異なり、母音を表す部分と子音を表す部分が分けられています。

4 ハングルの書き方は?

上から下へ、左から右へ、と漢字と同じ書き順です。

練習しましょう 🖉

①基本母音

	1	2	3	4	5	6	7	8	9	10
	ㅏ	ㅑ	ㅓ	ㅕ	ㅗ	ㅛ	ㅜ	ㅠ	ㅡ	ㅣ
	아	야	어	여	오	요	우	유	으	이

※母音を文字として書くとき、つまり子音が組み合わさされていなく母音だけで書くときは、必ず「o」を垂直の母音の左側に、水平の母音の上につけます。

単語帳 ✓

- 아야 痛い!(感嘆詞)
- 아우 弟·妹(下の兄弟)
- 아이 子ども
- 야유 揶揄·からかい·やじ
- 여우 狐
- 여유 余裕
- 오 (数字の)五
- 오이 キュウリ
- 요 敷き布団
- 우아 優雅
- 우유 牛乳
- 유아 幼児
- 이 歯·(数字の)二·李
- 이유 理由
- 야 おい(目下の者を呼んだり友人同士が互いに呼びかける、くだけた言い方)

②複合母音

	11	12	13	14	15	16	17	18	19	20	21
	ㅐ	ㅒ	ㅔ	ㅖ	ㅘ	ㅙ	ㅚ	ㅝ	ㅞ	ㅟ	ㅢ
	애	얘	에	예	와	왜	외	워	웨	위	의

単語帳 ✓

- 우애 友愛
- 예의 礼儀
- 예 はい
- 예외 例外
- 왜? なぜ
- 위 上
- 의의 意義
- 이의 異議

③基本子音と基本母音の組み合わせ

	1	2	3	4	5	6	7	8	9	10
	ㅏ	ㅑ	ㅓ	ㅕ	ㅗ	ㅛ	ㅜ	ㅠ	ㅡ	ㅣ
ㄱ	가									
ㄴ		냐								
ㄷ			더							
ㄹ				려						
ㅁ					모					
ㅂ						뵤				
ㅅ							수			
ㅇ								유		
ㅈ									즈	
ㅊ	차									치
ㅋ		켜								
ㅌ			터							
ㅍ				펴						
ㅎ					호					

※基本子音のうち、「ㄱ ㄷ ㅂ ㅈ」の発音は、2文字以上の単語の頭（語頭）では無声音（濁らない）。単語の頭以外（語中）では有声音（濁る）となる。

※「쟈 져 죠 쥬」は「자 저 조 주」と同じ音で発音される。

単語帳 ✓

가수	歌手	대화	対話	아버지	お父さん	커피	コーヒー
거리	街・通り	러시아	ロシア	야구	野球	코	鼻
고추	唐辛子	무	大根	어디	どこ	코피	鼻血
기사	記者	모두	みんな・全部(で)	어머니	お母さん	토마토	トマト
기차	汽車	바나나	バナナ	여자	女子	토지	土地
기후	気候	바다	海	요리사	料理人・コック・調理師	투수	投手
나무	木	바지	ズボン			파리	ハエ・パリ（フランスの首都）
노트	ノート	버스	バス	우리	私たち・私の・我が・われ		
누구	誰	사자	ライオン			피자	ピザ
다시	もう一度・再び・再度・また	소리	音・声	저고리	チョゴリ	호주	豪州（オーストラリア）
		소파	ソファ	주스	ジュース		
다리	足・橋	수도	首都・水道	지구	地球	휴가	休暇
도로	道路	스포츠	スポーツ	카드	カード	휴일	休日

④複合子音と基本母音の組み合わせ

	1 ㅏ	2 ㅑ	3 ㅓ	4 ㅕ	5 ㅗ	6 ㅛ	7 ㅜ	8 ㅠ	9 ㅡ	10 ㅣ
ㄲ	까					꼬				
ㄸ		땨					뚜			
ㅃ			뻐					쀼		
ㅆ				쎠					쓰	
ㅉ					쪼					찌

単語帳 ✓

- 가짜 偽物
- 아까 さっき
- 아빠 パパ(お父さん)
- 아저씨 おじさん
- 오빠 (妹から見た)お兄さん
- 코끼리 象
- 꼬리 尻尾
- 뼈 骨
- 뿌리 根・根っこ・(物事の)根本
- ~씨 ~さん・氏
- 따로따로 別々に
- 딱따구리 キツツキ
- 싸구려 安物
- 꼬끼오 コケコッコウ(鳥の鳴き声)

⑤基本子音と複合母音の組み合わせ

	11 ㅐ	12 ㅒ	13 ㅔ	14 ㅖ	15 ㅘ	16 ㅙ	17 ㅚ	18 ㅝ	19 ㅞ	20 ㅟ	21 ㅢ
ㄱ	개										
ㄴ		냬									
ㄷ			데								
ㄹ				례							
ㅁ					뫄						
ㅂ						봬					
ㅅ							쇠				
ㅇ								워			
ㅈ									줴		
ㅊ										취	
ㅋ											킈

※「ㅇ」と「ㄹ」以外の子音に「ㅖ」がつくと「ㅖ」は「ㅔ」として発音される。
例)
세계 世界〔세게〕
폐지 廃止〔페지〕
시계 時計〔시게〕
(예고 予告〔예고〕、예외 例外〔예외〕、차례 順番〔차례〕などは文字通りに発音される。)

	11 ㅐ	12 ㅒ	13 ㅔ	14 ㅖ	15 ㅘ	16 ㅙ	17 ㅚ	18 ㅝ	19 ㅞ	20 ㅟ	21 ㅢ
ㅌ										튀	
ㅍ									풰		
ㅎ								훠			

単語帳 ✓

가게	店	뒤	後ろ	여보세요	もしもし	쥐	ネズミ
가위	はさみ	메뉴	メニュー	얘기	話(*口語体)	추위	寒さ
교과서	教科書	배	腹・梨・船	외교	外交	채소	野菜
교회	教会	배추	はくさい	외우다	覚える	취미	趣味
구두쇠	けちんぼ	사과	りんご	위스키	ウィスキー	카메라	カメラ
게	がに	사회	社会	의자	椅子	케이크	ケーキ
과자	菓子	샤워	シャワー	주의	注意	캐나다	カナダ
노래	歌	새	鳥	지휘	指揮	테니스	テニス
더위	暑さ	쉬워요	易しいです	제비	ツバメ	화가	画家
돼지	豚	하와이	ハワイ	죄	罪	해외	海外

⑥ 複合子音と複合母音の組み合わせ

	11 ㅐ	12 ㅒ	13 ㅔ	14 ㅖ	15 ㅘ	16 ㅙ	17 ㅚ	18 ㅝ	19 ㅞ	20 ㅟ	21 ㅢ
ㄲ	깨						꾀				
ㄸ		떄						뚸			
ㅃ			뻬						뿨		
ㅆ				쎼						쒸	
ㅉ					쫘	쫴					찌

単語帳 ✓

예쁘다	綺麗・可愛い	꿰다	(糸などを穴に)通す	쩨쩨하다	みみっちい(けちだ)
깨	ゴマ	때	時・あか(よごれ)	띄어쓰기	分かち書き
꽈리	ホオズキ	때리다	殴る・叩く	꾀꼬리	うぐいす
꽤	かなり	쐐기	イラムシ	빼다	抜く・引く
뛰다	走る	찌개	チゲ(鍋物)	빼빼하다	がりがりだ

●音節の構成は4パターン

①母音：母音だけの音節を文字とする場合は、子音がないことを表す「○」をつけて書く（ㅏ→아のように）
②子音（初声）＋母音（中声）
③子音（初声）＋母音（中声）＋子音（終声）
④子音（初声）＋母音（中声）＋子音（終声）＋子音（終声）

①の場合、母音につく「○」は音価のない「○」です。
②③④の場合は、音節を構成する際、垂直で組み合わさる方式と水平で組み合わさる方式があります。
例えば、垂直の場合は母音「ㅏ、ㅑ、ㅓ、ㅕ、ㅣ、ㅐ、ㅒ、ㅔ、ㅖ」の左側に子音が置かれ、水平の場合は母音「ㅗ、ㅛ、ㅜ、ㅠ、ㅡ」の上に子音が置かれます。
また、③④の子音（終声）は、数が多くあるため、7種類の音にグループ化されます。

（例）

1文字の構造は、子音と母音の組み合わせによってなしますが、そのタイプは母音の位置によって分けられます。音節の最初に現れる子音は「初声」、次に現れる字（母音）は「中声」、最後の音節末の子音は「終声」といいます。

※中声には必ず母音がくる。（最初の子音の右側か下につく）

5 終声子音の音（パッチム）（規則）

1文字の最後に位置する子音のことを「終声子音」、韓国語では**パッチム**とも言いますが、数が多いため7音にグループ化し発音します。

	代表音	発音	グループ	実際の文字	実際の発音
1	ㄱ	[k]	ㄱ ㅋ ㄲ ㄳ ㄺ	악 앜 앆 앇 앍	악
2	ㄴ	[n]	ㄴ ㄵ ㄶ	안 앉 않	안
3	ㄷ	[t]	ㄷ ㅌ ㅅ ㅆ ㅈ ㅊ ㅎ	앋 앝 앗 았 앚 앛 앟	앋
4	ㄹ	[l]	ㄹ ㄼ ㄽ ㄾ ㅀ	알 앎 앐 앑 앓	알
5	ㅁ	[m]	ㅁ ㄻ	암 앎	암
6	ㅂ	[p]	ㅂ ㅍ ㅄ ㄼ ㄿ	압 앞 앖 앎 앑	압
7	ㅇ	[ng]	ㅇ	앙	앙

※ 要注意： ㄸ ㅃ ㅉ と、7音グループ以外の子音組み合わせはパッチムとして使用しない。

※終声子音は初声の子音と同じものを用いるが、同じ子音でも初声と終声の発音が異なる場合もあるので注意。

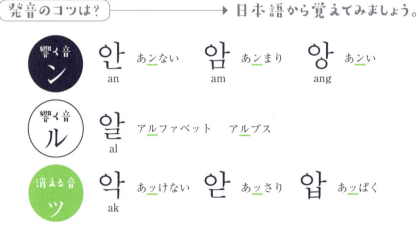

※異なる2つの子音が合体した形の終声（パッチム）では、どちらか1つだけを発音しますが、基本的には韓国語の文字表（P.10-11参照）の子音1)ㄱ 2)ㄴ 3)ㄷ 4)ㄹ 5)ㅁ…番号が早い音が優先権を持ちます。ただし、「ㄺ ㄿ」のみ例外で、文字表の番号が「ㄹ」より早くない「ㅁ」「ㅍ」音になります。

練習しましょう ✏️

パッチムのある単語例

ㄱ	국제 国際 독서 読書 미국 米国 식탁 食卓	식사 食事 악수 握手 대학 大学 부엌 台所	숙제 宿題 역사 歴史 어학 語学 축구 サッカー	닭고기 鶏肉 떡볶이 トッポッキ 외국어 外国語 국 スープ(汁物)	※읽고 読んで 몫 分け前 밖 外 쪽 頁
ㄴ	사진 写真 반지 指輪 시간 時間 연수 研修 우편 郵便	선배 先輩 우산 傘 앉다 座る 온천 温泉 한류 韓流	라면 ラーメン 어른 大人・目上の人 언니 (妹から見た)お姉さん 눈 目・雪 휴대폰 携帯	많다 多い・たくさん 사전 辞典・辞書 태권도 テコンド 돈 お金 안내 案内	
ㄷ	좋다 良い 같다 同じだ 웃다 笑う 찾다 探す	맛 味 밭 畑 솥 釜 빛 光	옷 服 뜻 意味 꽃 花 낮 昼	곧 すぐに 그릇 器・杯 같이 一緒に 첫사랑 初恋	젓가락 箸 숟가락 スプーン 까맣다 黒い 갖가지 もろもろ(の)・種々(の)・様々な	끝 終わり 닫다 閉める 맏며느리 長男の嫁
ㄹ	교실 教室 활발 活発 서울 ソウル 열쇠 鍵	과일 果物 날씨 天気 오늘 今日 외출 外出	나무 木 호텔 ホテル 여덟 八つ 출구 出口	개찰구 改札口 지하철 地下鉄 싫다 嫌だ・嫌いだ 외곬 一点張り	딸기 いちご 물 水 메일 メール ※밟다 踏む
ㅁ	기념 記念 젊다 若い 체험 体験 시험 試験 침대 ベッド	지금 今 마음 心 사람 人 바람 風 짐 荷物	서점 書店・本屋 참외 マクワウリ 처음 初・はじめて 컴퓨터 コンピューター 김치 キムチ	곰 熊 밤 夜 꿈 夢 힘 力 감 柿	게임 ゲーム 모임 集まり 삶 生き方 감기 風邪 이름 名前
ㅂ	수첩 手帳 수업 授業 엽서 葉書 아홉 九つ	씹다 噛む 깊다 深い 잡지 雑誌 지갑 財布	입 口 겉 表 밥 ご飯 값 値段	접시 皿 압도적 圧倒的 잎 葉・葉っぱ 컵 コップ	집 家 급히 急に 앞 前 앞으로 今後
ㅇ	공항 空港 보통 普通 시장 市場 장소 場所 홍차 紅茶	가방 カバン 사랑 愛・恋 여행 旅行 영화 映画 희망 希望	고추장 コチュジャン 노래방 カラオケ(ボックス) 자동차 自動車 프랑스 フランス 붕어빵 ふな焼き(日本の鯛焼き風)	빵 パン 방 部屋 상추 サンチュ 강 河・川 쇼핑 ショッピング・買い物	

※읽고 読んで
　밟다 踏む
　の発音は要注意。

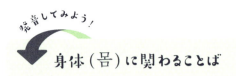

身体(몸)に関わることば

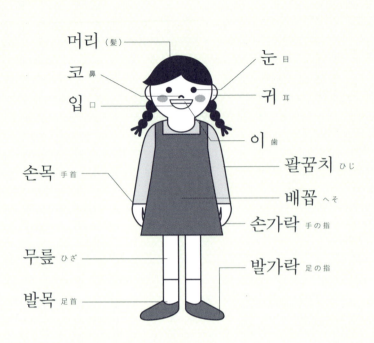

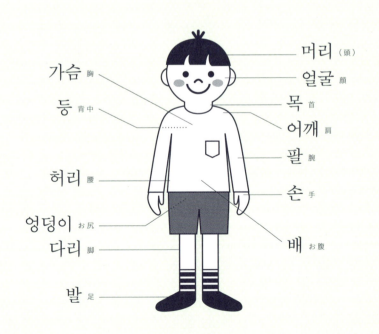

6 発音（の規則）について

韓国語は、ときどき文字通りに発音されず、音が変わる場合があります。主に子音の位置や組み合わせなどで音が変化しますが、音が変化する一定のルールを理解してしまえば、発音習得のスピードが上がります。

● 有声音化

「母音または終声（パッチム）が ㄴㄹㅁㅇ」で、その後に続く文字が「ㄱㄷㅂㅈ」である場合、「ㄱㄷㅂㅈ」の発音が日本語の濁音のように濁ります。

有声音化する単語の発音練習　練習しましょう

가족 家族	감기 風邪	갈비 カルビ	검도 剣道	공부 勉強
구두 靴	날개 翼	도구 道具	만족 満足	모자 帽子
부자 金持ち	시장 市場	아들 息子	암기 暗記	아기 赤ちゃん
야구 野球	울보 泣き虫	주부 主婦	동전 小銭・コイン	친구 友達
한글 ハングル	불고기 プルコギ	교통비 交通費	제주도 済州島

●連音化

①単語の文字に終声(パッチム)があり、その後に続く文字の初声が「ㅇ」の場合、終声(パッチム)は初声「ㅇ」に移動して発音されます。

※「ㅎパッチム＋ㅇ」では、連音化しないので注意。

練習しましょう

무엇이 何が ─→	수업이 授業が ─→
그림 일기 絵日記 ─→	금연 禁煙 ─→
단어 単語 ─→	목욕 沐浴・お風呂 ─→
꽃이 花が ─→	발음 発音 ─→
음악 音楽 ─→	이름은 名前は ─→
일본어 日本語 ─→	일요일 日曜日 ─→
졸업 卒業 ─→	직업 職業 ─→
지짐이 チヂミ ─→	학원 塾・予備校 ─→
한국어 韓国語 ─→	한일 韓日 ─→

②文字の終声(パッチム)が複合子音で、その後に続く文字の初声が「ㅇ」の場合、終声は初声「ㅇ」に移動して発音されます。

表記　　　　　　　　　　　　　　　実際の発音
있어요 → 있어요 → 이써요
（あります・います）

練習しましょう

놀았어요 遊びました →	닦아 磨いて →
맛있어요 美味しいです →	밖에 外に →
볶으면 炒めると →	섞어요 混ぜます →
깎아서 剥いて・値切って →	떡볶이 トッポッキ →

③文字の終声に異なる形のパッチムが２つ並んだとき、その後に続く文字の初声「ㅇ」には、右側のパッチムだけ移動して左側のパッチムはそのまま残り、それぞれの位置で発音されます。

表記　　　　　　　　　　　　　　　実際の発音
읽어요 → 읽어요 → 일거요
（読みます）

練習しましょう

넓어서 広くて →	넓은 방 広い部屋 →
닮았어요 似ています →	맑은 날 晴れた日 →
앉아 座って →	읽으면서 読みながら →
젊음 若さ →	젊은이 若者 →

④文字の終声が「ㅇ」で、後に続く文字の初声も「ㅇ」の場合は連音化せずに、日本語の鼻濁音に近い音で発音されます。

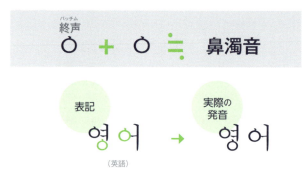

강아지 子犬 →		강약 強弱 →	
고양이 猫 →		공원 公園 →	
동아리 サークル・部活 →		방울 鈴 →	
병원 病院 →		생일 誕生日 →	
응원 応援 →		잉어 鯉 →	
종이 紙 →		중앙 中央 →	
평일 平日 →		호랑이 虎 →	

練習しましょう

もっと詳しく！

子音が終声として発音されるときと、連音化したときの発音は違いますよ！

味 맛 → 맏   味が 맛이 → 마시

前 앞 → 압   前に 앞에 → 아페

● ㅎの変化

① ㅎの無音化

　文字の終声「ㅎ」と、その後に続く文字の初声が「ㅇ」の場合、パッチム「ㅎ」音は脱落して無音化となります。

　また、文字の終声「ㅎ」が異なるもう一つの子音と組み合わされた場合、片方の「ㅎ」音は脱落し、残る片方の子音はさらに連音化して発音されます。

練習しましょう

끓여서　沸かして →

괜찮아요　構わないです →

낳았어요　生じました・生みました →

놓으세요　置いて下さい・放して下さい →

싫어해요　好きではないです・嫌いです →

② ㅎ**の弱(音)化**

　文字の終声(パッチム)が「母音もしくはㄴㄹㅁㅇ」で、その後に続く文字の初声に「ㅎ」がくる場合、「ㅎ」は音が弱まって無音化になるため、ほとんど発音されません。

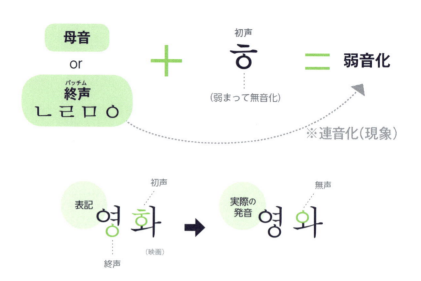

練習しましょう

간호사 看護師 →		결혼 結婚 →
문화 文化 →		번호 番号 →
시험 試験 →		생선회 刺身 →
생활 生活 →		연휴 連休 →
올해 今年 →		은행 銀行 →
인형 人形 →		일호선 1号線 →
전혀 全然 →		전화 電話 →
조용히 静かに →		천천히 ゆっくり →
체험하고 体験して →		특별한 特別な →

●濃音化

文字の終声(バッチム)が「ㄱㄷㅂ」で、後に続く文字の初声に「ㄱㄷㅂㅅㅈ」があると、その「ㄱㄷㅂㅅㅈ」の発音は、複合子音「ㄲㄸㅃㅆㅉ」に変わります。

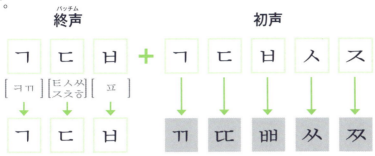

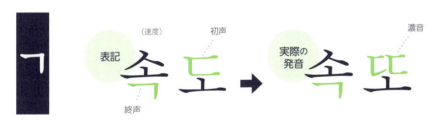

表記 속도 → 実際の発音 속또

練習しましょう

걱정 心配 →	극장 劇場 →
대학생 大学生 →	막걸리 マッコリ(どぶろく) →
목숨 命 →	식당 食堂 →
세탁실 洗濯室 →	약사 薬剤師 →
약속 約束 →	유학생 留学生 →
읽다 読む →	축복 祝福 →
책상 机 →	탁자 テーブル →
학교 学校 →	학기 学期 →
학번 (大学入学時の)学年番号 →	꺾다 (枝などを)折る →

練習しましょう

낮잠 昼寝 ──→	꽃병 花瓶 ──→
받다 受ける・受け取る ──→	벗다 脱ぐ ──→
숫자 数字 ──→	옷장 洋服たんす ──→
찾다 探す ──→	꽃가루 花粉 ──→
맞벌이 共稼ぎ・共働き ──→	

練習しましょう

가깝다 近い ──→	값이 値段が ──→
답장 返信・返答 ──→	합격 合格 ──→
접시 皿 ──→	입구 入り口 ──→
입국 入国 ──→	옆집 隣家 ──→

가족(家族)

日本語音のハングル表記

かな	ハングル 語頭「(　)内は語頭ではないときの表記」
あ い う え お	아 이 우 에 오
◎ か き く け こ	가 기 구 게 고 (카 키 쿠 케 코)
さ し **す** せ そ	사 시 **스** 세 소
◎ た ち **つ** て と	다 지 **쓰** 데 도 (타 치 **쓰** 테 토)
な に ぬ ね の	나 니 누 네 노
は ひ ふ へ ほ	하 히 후 헤 호
ま み む め も	마 미 무 메 모
や ゆ よ	야 유 요
ら り る れ ろ	라 리 루 레 로
わ (ヰ) を	와 (에) 오
ん ッ	**ㄴ ㅅ**
が ぎ ぐ げ ご	가 기 구 게 고
ざ じ **ず** ぜ ぞ	자 지 **즈** 제 조
だ ぢ **づ** で ど	다 지 **즈** 데 도
ば び ぶ べ ぼ	바 비 부 베 보
ぱ ぴ ぷ ぺ ぽ	파 피 푸 페 포
◎ きゃ きゅ きょ	갸 규 교 (캬 큐 쿄)
ぎゃ ぎゅ ぎょ	갸 규 교
しゃ しゅ しょ	샤 슈 쇼

かな	ハングル		
	語頭 「(　)内は語頭ではないときの表記」		
じゃ　じゅ　じょ	자	주	조
◎　ちゃ　ちゅ　ちょ	자 (차	주 추	조 초)
にゃ　にゅ　にょ	냐	뉴	뇨
ひゃ　ひゅ　ひょ	햐	휴	효
びゃ　びゅ　びょ	뱌	뷰	뵤
ぴゃ　ぴゅ　ぴょ	퍄	퓨	표
みゃ　みゅ　みょ	먀	뮤	묘
りゃ　りゅ　りょ	랴	류	료

①語頭は、子音の平音「ㄱㄷㅂㅈ」で表記。
　かながわ 가나가와　たなか 다나카
　語頭以外（◎印の日本語音）は、子音の激音「ㅋㅌㅍㅊ」で表記。
　とうきょう 도쿄　なかの 나카노
　語中の濁音は、子音の平音「ㄱㄷㅂㅈ」に表記。
　ながの 나가노　やまだ 야마다
②長音（音引き）はハングル表記をしない。
　さいとう 사이토　おおさか 오사카　おおの 오노
③「ツ ザズゼゾ」や語頭の濁音は、
　ハングルにはないので近い音に当てる。
　あずさ 아즈사　つくば 쓰쿠바
④促音「っ」は、子音の「ㅅ」で、パッチムとなる。
　とっとり 돗토리　べっぷ 벳푸
⑤「ん」は、子音の「ㄴ」で、パッチムとなる。
　げんた 겐타　けんじ 겐지

日本の地名

練習しましょう 🖉

ハングルで書いてみましょう。

	이름 名前	고향 ふるさと（故郷）
나 わたし(自分)		
친구① 友だち①		
친구② 友だち②		

> 日常表現

▶ **あいさつ①** 「おはようございます・こんにちは・こんばんは・お元気ですか」

　　안녕하십니까? 　/ 　안녕하세요?
　　よりかしこまった言い方

　　　　　　　　※若者同士間では、안녕?（Hi / Hello / 元気? / おはよう）

▶ **あいさつ②** 「さようなら」（二通りある。）

・立ち去る人に対して

　　안녕히 가십시오. 　/ 　안녕히 가세요.
　　　　よりかしこまった言い方

・居残る人に対して

　　안녕히 계십시오. 　/ 　안녕히 계세요.
　　　　よりかしこまった言い方

　　　　　　　　※若者同士間では、잘 가~（バイバーイ / またね~）
　　　　　　　　　안녕~（バイバイ~）・내일 봐~（また明日~）

▶ **あいさつ③** 「感謝」

・有り難うございます・感謝します。

　　감사합니다. / 감사해요.　―― 漢字語表現
　　고맙습니다. / 고마워요.　―― 固有語表現

・どういたしまして・とんでもないです。

　　천만에요.

▶ **あいさつ④** 「謝罪」

・申し訳ありません。

　　죄송합니다. / 죄송해요.

・すみません・ご免なさい。

　　미안합니다. / 미안해요.

・いいえ・ちがいます。

　　아닙니다.　 / 아니에요.

・大丈夫です・構いません・けっこうです。

　　괜찮습니다. / 괜찮아요.

文字・発音編

文法編

1 体言の丁寧表現「～です」形（体言の肯定文）

　日本語の「です・ます」体にあたる韓国語のいい方は、改まった「です」(합니다体という)と柔らかい「です」(해요体という)二通りの表現があります。改まった「です」体は初対面の人や公の場で使い、相手との間に丁寧な印象をもたせます。柔らかい「です」体は日常の会話の中でよく使います。目上の人と話すときでもリラックスして話すときにはこの表現で話します。ただ現在は日常の会話の中で改まった「です」体をまぜて使ってもさしつかえありません。

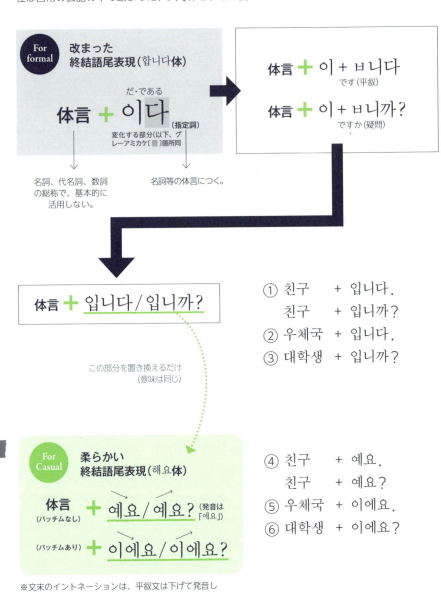

Flashcard ✓

친구　友達
우체국　郵便局
대학생　大学生
오빠　お兄さん(妹から見て)
　(형　弟から見て)
학생　学生
네　はい
아뇨　いいえ

※文末のイントネーションは、平叙文は下げて発音し疑問文は上げて発音すればよい。

疑問詞を覚えましょう！

誰	누구	どうやって	어떻게	何	무엇(뭐)
いつ	언제	なぜ	왜	どれくらい・どれほど・どの程度	얼마나
何の	무슨	いくら	얼마	どうして	어째서

※体言が母音（パッチムなし）で終わる場合、話し言葉では「ㅂ니다/ㅂ니까?」を縮めて用いることもできます。

例) ① 누구입니까? → 누굽니까?　② 오빠입니다. → 오빱니다.
　　③ 어디입니까? → 어딥니까?　④ 여기입니다. → 여깁니다.

例文で覚えよう 〔対話〕

❶ (A 씨) 여기 어디예요? ── (B 씨) 우체국이에요.
❷ (A 씨) 학생이에요? ── (B 씨) 네, 대학생이에요.
❸ (A 씨) 친구예요? ── (B 씨) 아뇨, 오빠예요.

指示代名詞を覚えましょう！

この	이	ここ	여기
その	그	そこ	거기
あの	저	あそこ	저기
どの	어느	どこ	어디

場所や位置を表すときは形が一部変化する

※名詞などの前で修飾したり限定したりします。

指示代名詞	＋것（もの/こと）	＋쪽（方向/側）	＋때（時）	＋사람（人）	＋곳（場所/所）
이～	이것 これ	이쪽 こちら	이때 この時	이 사람 この人	이곳 ここ
그～	그것 それ	그쪽 そちら	그때 その時	그 사람 その人	그곳 そこ
저～	저것 あれ	저쪽 あちら	저때 あの時	저 사람 あの人	저곳 あそこ
어느～	어느 것 どれ	어느 쪽 どちら	어느 때 どの時	어느 사람 どの人	어느 곳 どこ

Flashcard ✓

일본	日本
엄마	お母さん・ママ
사전	辞書
나라	国
사람	人(분 方)
한국어	韓国語

▶例文で覚えよう [対話]

❶ (A 씨) 누구예요? ── (B 씨) 엄마예요.

❷ (A 씨) 무엇입니까? ── (B 씨) 한국어 사전이에요.

❸ (A 씨) 어느 나라 사람이에요?
　　　　　　　　　　　── (B 씨) 일본 사람이에요.

韓国語の文章は英語の書き方のように、原則的に分かち書き (띄어쓰기) をします。つまり、分かち書きをしないと文の切れ目がわかりにくくなり意味が異なってしまう場合があるからです。名詞が連続する場合は、独立する単語ごとに離しますが、固有名詞の場合は離して書かなくてもかまいません。名前の後につく肩書きなども離します。

※句点は「．」読点は「，」疑問文は「？」をつけます。

●発音規則 [鼻音化]

　文字の終声が閉鎖音 (消える音) の ㄱ ㄷ ㅂ で、後に続く文字の初声が ㄴ または ㅁ である場合、その閉鎖音の終声 ㄱ ㄷ ㅂ の音が、それぞれ ㅇ ㄴ ㅁ 音に変わって、鼻に抜けるように響いて発音されます。

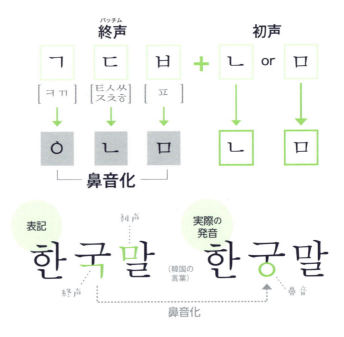

練習しましょう ✏️

- 작문 (作文) ──→
- 박물관 (博物館) ──→
- 학년 (学年) ──→
- 작년 (昨年) ──→
- 콧물 (鼻水) ──→ 〉
- 거짓말 (嘘) ──→ 〉
- 꽃말 (花言葉) ──→ 〉
- 입맛 (食欲) ──→
- 입문 (入門) ──→

助詞 所有関係を表す「〜の」

体言 + 의 〜

● 発音について：
의はその位置や機能などによって発音が異なる。

① 単語の最初（語頭）では「의」
 → 의사 [의사] 医者

② 単語の2番目以降（語中）では「이」
 → 편의점 [편이점] コンビニ … 퍼니점 (連音化)

③ 子音との組み合わせでは「이」
 → 무늬 [무니] 柄・模様

④ 助詞「〜の」としてでは「에」
 → 나의 친구 [나에 친구] 私の友人

助詞としての「의」は、話し言葉で用いる際に省略される場合があります。位置関係を表すことばや体言、つまり名詞類の代名詞、疑問詞などを2つ以上並べるときは省略されます。
例えば、誰の本 → 누구(의) 책
 どの国の人 → 어느 나라(의) 사람

省略してはいけない場合
 私の本 → 저의 책(제 책)/나의 책(내 책)
 君の本 → 너의 책 (네 책)
 体育の日 → 체육의 날

Flashcard ✓

- 저　わたくし (謙譲語)
- 나　わたし (非謙譲語)

助詞 主題を表す「〜は」

体言・用言の語幹 ＋ 은〜
（パッチムあり）

＋ 는〜
（パッチムなし）

用言とは？ ✓

動詞や形容詞などをまとめて「用言」といいます。

動詞	가다 行く	먹다 食べる
形容詞	많다 多い・たくさん	맵다 辛い
存在詞	있다 ある・いる	없다 ない・いない
指定詞	이다 だ・である	아니다 ではない

韓国語の用言の基本形はすべて「〜다」で終わります。そして「〜다」を除いた部分を「語幹」といい、「〜다」(語尾)を「ㅂ니다／습니다」「아요／어요」など他の語尾に置き換えたものを「活用形」といいます。

고향은
회사는

① 한국은 처음입니까?
② 이 가방은 얼마입니까?
③ 우체국은 이쪽이에요.
④ 제 취미는 게임이에요.
⑤ 도쿄는 처음입니다.

※母音（パッチムなし）で終わる名詞の後に続く「는」は、話し言葉では「ㄴ」を用いることもできます。

例) 저는 대학생입니다 → 전 대학생입니다.
　　언니는 회사원입니까? → 언닌 회사원입니까?

短縮・縮約される指示代名詞①

これ	이것 (이거)	これは	이것은 (이건)	ここは	여기는 (여긴)
それ	그것 (그거)	それは	그것은 (그건)	そこは	거기는 (거긴)
あれ	저것 (저거)	あれは	저것은 (저건)	あそこは	저기는 (저긴)
どれ	어느 것 (어느 거)				

※会話を滑らかにする。

▶例文で覚えよう [対話]

(A 씨) 이건 뭐예요? ——————— (B 씨) 쌀국수예요.
(A 씨) 쌀국수는 어느 나라 음식이에요? — (B 씨) 베트남 음식이에요.

Flashcard ✓

언니	お姉さん(妹から見て)
	(누나 弟から見て)
회사	会社
회사원	会社員
쌀국수	フォー
	(쌀 米／국수 麺)
음식	食べ物
베트남	ベトナム
고향	故郷
가방	カバン
취미	趣味
처음	はじめて・初
게임	ゲーム

2 ものや名前などの紹介表現「～という、～と申す」

改まった終結語尾表現(합니다体)

体言(パッチムあり) ＋ 이라고 하다 (という、と申す)
(パッチムなし) ＋ 라고 하다

↓

体言(パッチムあり) ＋이라고 하＋ㅂ니다 → -이라고 합니다 (といいます(と申します))
(パッチムなし) ＋ 라고 하＋ㅂ니다 → - 라고 합니다

この部分を置き換えるだけ
(意味は同じ)

柔らかい終結語尾表現(해요体)

体言(パッチムあり) ＋ 이라고 해요
(パッチムなし) ＋ 라고 해요

① 이건 공책이라고 합니다.
② 공책은 노트라고 해요.
③ 패스포드는 여권이라고 해요.
④ 여권은 패스포드라고 합니다.

▶例文で覚えよう [対話]

(A 씨) 안녕하세요? 어서 오세요.
(B 씨) 안녕하세요? 처음 뵙겠습니다.
　　　 저는 나카무라 아이코라고 합니다.
(A 씨) 반가워요. 전 김주원이라고 합니다.
(B 씨) 네, 잘 부탁드립니다.

Flashcard ✓

공책(노트) 　ノート
여권(패스포드)
　旅券(パスポート)
어서 오세요. 　ようこそ
처음 뵙겠습니다.
　初めまして(初めてお目に
　かかります。)
반가워요.
　会えて嬉しいです。
잘 부탁드립니다.
　よろしくお願いします。

3 体言の丁寧表現「～です」形（体言の否定文）

①終結語尾；～ではない

For formal 改まった終結語尾表現(합니다体)

体言（パッチムあり）＋ 이 아니다　～ではない
（パッチムなし）＋ 가 아니다

↓

体言（パッチムあり）＋ 이 아니+ㅂ니다/ㅂ니까?　です／ですか？
→　＋ 이 아닙니다(까?)　ではないです(か)

（パッチムなし）＋ 가 아니+ㅂ니다/ㅂ니까?　です／ですか？
→　＋ 가 아닙니다(까?)　ではないです(か)

① 한국사람입니까?
　아뇨, 저는 한국 사람이 아닙니다.
② 저 사람은 가수입니까?
　아뇨, 가수가 아닙니다. 영화배우입니다.

この部分を置き換えるだけ（意味は同じ）

For Casual 柔らかい終結語尾表現(해요体)

体言（パッチムあり）＋ 이 아니에요/아니에요?
（パッチムなし）＋ 가 아니에요/아니에요?

※아닙니다/아니에요：単独では「いいえ・違います」の意味としても使われる。

Flashcard ✓

대학　大学
식당　食堂
동아리　部活・サークル
휴게실　休憩室
선배　先輩
가수　歌手
영화배우　映画俳優

▶例文で覚えよう

❶ 이 사람은 친구가 아니에요.
　대학 동아리 선배예요.

❷ 이곳은 휴게실이에요.
　학생 식당이 아니에요.

②接続語尾 ; ○○ではなく(て)○○です。

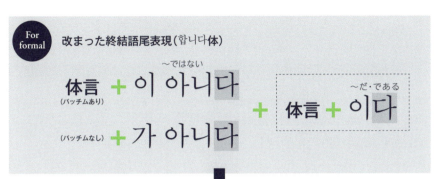

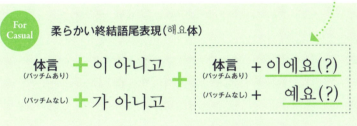

※話し言葉では「~아니고」より「~아니라」をよく使う。

① 가수가 아니고 영화배우입니다. (합니다体)
　 가수가 아니고 영화배우예요. (해요体)
② 한국사람이 아니고 일본사람입니다. (합니다体)
　 한국사람이 아니고 일본사람이에요. (해요体)

▶例文で覚えよう [対話]

(A 씨) 안녕하세요? 만나서 반갑습니다. 저는 김주원이라고 합니다.
(B 씨) 네, 안녕하세요? 처음 뵙겠습니다. 저는 나카무라 아이코라고 해요.
(A 씨) 그런데, 나카무라 씨는 어느 대학 선생님입니까?
(B 씨) 어머, 저는 선생님이 아니고 학생이에요.
(A 씨) 그래요? 미안합니다.
(B 씨) 아니에요. 괜찮아요.

Flashcard ✓

선생님　先生
어머　あら
그래요?　そうなんですか.
만나서 반갑습니다.
　お会いできて嬉しいです.
그런데　ところで・ところが

時を表すことば①

月曜日	火曜日	水曜日	木曜日	金曜日	土曜日	日曜日
월요일	화요일	수요일	목요일	금요일	토요일	일요일
朝(食)	昼(食)	夕方(夕食)	夜明け	夜	午前	午後
아침	점심	저녁	새벽	밤	오전	오후

※発音注意(連音化);월요일〔워료일〕목요일〔모교일〕…

・오늘은 무슨 요일입니까? ─── ・금요일입니다.

4 電話番号、日にちなどに使われる「数詞」(漢字語形)

(零)0	1	2	3	4	5	6	7	8	9	10
영/공	일	이	삼	사	오	육	칠	팔	구	십
	11						百	千	万	億
	십일						백	천	만	억

※6(육)の発音；①語頭→육 (6789 육칠팔구) ②母音・ㄹパッチムの後→륙 (5678 오륙칠팔)
③以下の数字の発音は連音化ではないので注意。
　16 십육〔심뉴〕、26 이십육〔이심뉴〕、36 삼십육〔삼심뉴〕…106 백육〔뱅뉴〕…

年月日(月)

1月	2月	3月	4月	5月	6月
일월	이월	삼월	사월	오월	유월
7月	8月	9月	10月	11月	12月
칠월	팔월	구월	시월	십일월	십이월

※ 注意①;6月(육월×)、10月(십월×)　※注意②;일월〔이뤌〕、삼월〔사뭘〕、칠월〔치뤌〕、팔월〔파뤌〕…連音化

●数をたずねるときの疑問詞表現

몇 + 助数詞(単位)

※「何日」の表記は要注意;몇 일(×) / 며칠(○)

例) 몇박 며칠? ── 3박 4일
　　(何泊 何日)

※電話番号などにつけるハイフンは、助詞の「의」を用いて、「에」と発音

① 생일은 언제예요?　② 오늘은 몇 월 며칠입니까?
　○월 ○일입니다.　　　○월 ○일이에요.

漢字語形の助数詞

学年	年生	ウォン	円	回	階	個室	泊
학년	년생	원	엔	회	층	호실	박
日	度	分	秒	人前	番	点	年
일	도	분	초	인분	번	점	년

일(日)は、主に日数を数えるときしか使いません。「〜の日」のような言い方では「날(日)」を用います。つまり「次の日 다음날」、「アルバイト(をする)日 알바(하는) 날」となります。

▶例文で覚えよう [対話]

(A씨) 여기요. 이거 얼마에요?
(B씨) 네, 손님 어서오세요. 이건 8000원입니다.
(A씨) 저건 얼마 짜리에요?
(B씨) 10000원 짜리입니다.

※천、만の前に、「1 (일)」をつけないのが一般的。
1000(일천)원ではなく(천)원、10000(일만)원
ではなく(만)원

Flashcard ✓

손님　お客さま
짜리　…ほど
　　　(〜に値するもの)

●単位・数の基準を表す「〜で」

助数詞 + 에〜　　※日本語では省略される場合あり

▶例文で覚えよう [対話]

(A씨) 불고기 정식은 일인분에 얼마에요?
　　　プルゴギ定食は1人前(で)いくらですか。

(B씨) 1인분에 만 이천원입니다.
　　　1人前(で)1万2千ウォンです。

Flashcard ✓

생일　誕生日
　(・생년월일　生年月日)
몇 월　何月
불고기　プルゴギ
정식　定食

5　人やものの存在の有無を表す「いる・ある / ない・いない」

いる・ある	です・ます	います・あります(か)
-있다	-있 + 습니다	→ 있습니다(까?)

ない・いない	です・ます	いません・ありません(か)
-없다	-없 + 습니다	→ 없습니다(까?)

日本語では主語が生物か無生物かによって「ある」と「いる」を使い分けますが、韓国語では区別はないので注意しましょう。

この部分を置き換えるだけ
(意味は同じ)

Flashcard ✓

재미있다	楽しい
재미없다	楽しくない
맛있다	美味しい
맛없다	美味しくない・(まずい)
멋있다	格好いい・素晴らしい・しゃれている・素敵だ
멋없다	格好悪い・ださい・色気のない・味気ない

재미있다 → 재미있습니다.
재미없다 → 재미없습니다.
맛있다 → 맛있습니다.
맛없다 → 맛없습니다.
멋있다 → 멋있어요.
멋없다 → 멋없어요.

For Casual 柔らかい 終結語尾表現(해요体)

있 + 어요 → 있어요(?)
없 + 어요 → 없어요(?)

助詞　主語を表す「〜が」

体言 (パッチムあり)	+ 이〜
(パッチムなし)	+ 가〜
目上の人	+ 께서〜

- 우체국이
- 나카무라 씨가
- 선생님께서

※注意※
- 누구(誰) + 가 → 누구가(×) 누가(○)
- 무엇(何) + 이 → 무엇이(뭐 + 가 → 뭐가)
- 저(私) + 가 → 제가
- 나(僕,私) + 가 → 내가のように形が変わります。
  ① わたくしが；저가(×)/제가(○)
  ② 僕が、わたしが；나가(×)/내가(○)

※日本語と異なる使い方もある。
・「トイレはどこですか」のように疑問詞（どこ、どれなど）を伴う文では、一般的に、「〜が」に あたる「화장실이 어디입니까?」を用います。ただし、他と対比、比較して言う場合は「は」に あたる「은/는」を用います。「이 건물이 롯데백화점이에요. 롯데호텔은 저 건물이에요.」

▶例文で覚えよう [対話]

❶ (A 씨) 아이코 씨는 한국 친구가 있습니까?
　(B 씨) 아뇨, 아직 없습니다.

❷ (A 씨) 여기는 편의점이 없어요?
　(B 씨) 네, 없어요.

Flashcard ✓

아직　まだ
편의점　コンビニ
유자차　ゆず茶
음〜　うーむ
화장실　化粧室・トイレ
롯데백화점　ロッテ百貨店
롯데호텔　ロッテホテル
건물　建物・ビル
감사합니다.
　　　有り難うございます。

短縮・縮約される指示代名詞②

これが	이것이 (이게)
あれが	저것이 (저게)
それが	그것이 (그게)
どれが	어느것이 (어느게)

▶例文で覚えよう [対話]

(A 씨) 이게 뭐예요?
(B 씨) 유자차예요.
(A 씨) 음〜, 맛있어요.

助詞　場所・位置・時（時間など）を表す「〜に」 1

①場所や位置を表す「名詞」につけて、②日時や曜日につけて、ある動作が起きるときに使う。

体言 ＋ 에〜

※助詞を組み合わせて使うことは日本語とほぼ同じ
　에＋は：에는 / 에＋も：에도
※「여기 거기 저기 어디」の後では「에」を省略可能
※「어제 오늘 내일 언제 지금」の後では「에」を使わない

・집에　　・휴일에　　・노래방에　　・겨울 방학에
・학교에　・일요일에　・영화관에　　・30분 후에

Flashcard ✓

집　家
휴일　休日
노래방　カラオケ
영화관　映画館
겨울　冬
방학　休み
후　後

Flashcard ✓

입구　入口
도서관　図書館
은행　銀行

▶例文で覚えよう [対話]

❶ (A 씨) 여기 화장실이 어디에 있어요?
　　　——— (B 씨) 1층 입구에 있습니다.

❷ (A 씨) 학생 식당이 여기예요?
　　　——— (B 씨) 아뇨, 여기는 도서관이에요.
　　　　　　　　　학생 식당은 맞은편 건물 안에 있습니다.

位置や方角に関することば

前	앞	中(内部)	中(속)	右(側)	오른쪽
後ろ	뒤	外	밖	左(側)	왼쪽
上	위	隣・横	옆	真ん中	가운데
(真)下	아래(밑)	近く	가까이	向こう側	건너편
近所	근처	反対側	반대편	向かい側	맞은편

▶例文で覚えよう [対話]
(A 씨) 근처에 은행이 있어요?
(B 씨) 왼쪽… 우체국 반대편에 있어요.
(A 씨) 감사합니다.

● 発音規則　[激音化]

(A) 文字の終声(パッチム)が閉鎖音(消える音)の ㄱ ㄷ ㅂ で、後に続く文字の初声が ㅎ の場合、ㅎ音は弱まって無音化となり、連音化現象を起こします。つまり終声(パッチム) ㄱ ㄷ ㅂ は後に続く文字の初声 ㅎ に出会うと連音化(現象)となり、その際 ㄱ ㄷ ㅂ は形を変えて、激しい「ㅋ ㅌ ㅍ」音に変わります。

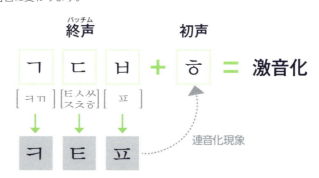

練習しましょう ✏

국화 菊 ─→　　　축하 祝賀 ─→

입학 入学 ─→　　약혼 婚約 ─→

집합 集合 ─→　　밟히다 踏まれる ─→

급행 急行 ─→　　깨끗하다 きれいだ ─→

부탁해요 頼みます ─→

Ⓑ 文字の終声(パッチム)が ㅎ、その後に続く文字が ㄱㄷㅈ の場合は、ㅎ は脱落（消える）し、ㄱㄷㅈ は激音「ㅋㅌㅊ」に変わって発音されます。

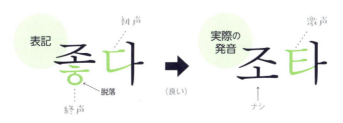

> 練習しましょう ✏️
>
> 놓다 置く ───────→
> 이렇게 このように ───────→
>
> 싫다 嫌だ ───────→
> 괜찮다 大丈夫だ ───────→
>
> 끊다 切る ───────→
> 좋지만 いいけれど ───────→
>
> 많고 多くて ───────→
>
> 그렇지만 けれども・しかしながら ───────→

6 フォーマルな丁寧表現「〜です・ます」形

用言の例 ✓

パッチムなし
오다　来る
비싸다　(値段が)高い
배우다　学ぶ・習う
마시다　飲む
느리다　遅い
가르치다　教える
만나다　会う
기다리다　待つ
자다　寝る
헤어지다　別れる
쉬다　休む
빌리다　借りる
나오다　出る(出てくる)
켜다　点ける
끄다　消す・切る
끝나다　終わる
끝내다　終える
싸다　安い・包む
내다　出す・支払う
차다　冷たい
사다　買う
그리다　描く

For formal　改まった 終結語尾表現 (합니다体)

用言語幹 (パッチムなし／ㄹパッチム) ＋ ㅂ니다(까?)

(パッチムあり) ＋ 습니다(까?)

① パッチムなしの場合

보다(見る) → 보 + ㅂ니다. / 가다(行く) → 가 + ㅂ니까?

② ㄹパッチムの場合

알다 → 아 + ㅂ니다. / 살다 → 사 + ㅂ니다.
(脱落)　　　　　　　　(脱落)

③ パッチムありの場合

먹다(食べる) → 먹 + 습니다. / 좋다(良い) → 좋 + 습니까?

> **For Casual** 柔らかい 終結語尾表現(해요体)
>
> ▶ 用言語幹(パッチムあり／ㄹパッチム)の場合、
>
> 　用言語幹の母音が「ㅏ／ㅗ」の場合
> 　　　　　　　　　　　　→ 用言の다を取って、<u>아요</u>をつける。
>
> 　用言語幹の母音が「ㅏ／ㅗ以外」の場合
> 　　　　　　　　　　　　→ 用言の다を取って、<u>어요</u>をつける。

※文脈により、現在も未来も表す。

① ㄹパッチムの場合

알다 → 알 + 아요. / 살다 → 살 + 아요. / 만들다 → 만들 + 어요.
（わかる・知る）　　　　　（住む・生きる）　　　　　　（作る）

② パッチムありの場合

좋다 → 좋 + 아요. / 많다 → 많 + 아요. / 먹다 → 먹 + 어요.
（良い）　　　　　　（多い）　　　　　　（食べる）

活用の例　　　　　　　　　　　　です・ますの作り方

[합니다体]
작다 小さい → 작습니다(까?)
받다 受ける → 받습니다(까?)
앉다 座る → 앉습니다(까?)
찍다 撮る → 찍습니다(까?)
읽다 読む → 읽습니다(까?)

[해요体]
작다 → 작아요(?)
받다 → 받아요(?)
앉다 → 앉아요(?)
찍다 → 찍어요(?)
읽다 → 읽어요(?)

助詞　対象を表す「～を」

体言 (パッチムあり) + 을～
　　 (パッチムなし) + 를～

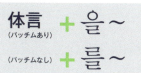

① 음악을 듣습니다. / 까?　③ 커피를 마십니다. / 까?
② 그림을 그립니다. / 까?　④ 김치를 먹습니다. / 까?

추다　踊る
태어나다　生まれる
나가다　出る(出て行く)
내리다　降りる・降る
사귀다　付き合う
보다　見る
보이다　見える
일어나다　起きる
들어가다　入る
돌아가다　帰る
꺼내다　出す
뛰다　走る
졸리다　眠い(眠たい)
지다　負ける・(太陽が)沈む
외우다　覚える
다니다　通う
생기다　できる
　　　　(物や友人など)
피다　咲く・吸う
모이다　集まる
빠르다　早い・速い
쓰다　書く・かぶる・かける・
　　　使う
주다　あげる・くれる・与える
슬프다　悲しい
부르다　歌う・呼ぶ
서두르다　急ぐ
모으다　集める

[パッチムあり]
씻다　洗う
닫다　閉める
입다　着る
벗다　脱ぐ
웃다　笑う
적다　少ない
찾다　探す
앉다　座る
맞다　合う・当たる・正しい
넣다　入れる
놓다　置く
잡다　つかむ・握る
높다　高い(山や建物、地位などの高さ)
밝다　明るい
짧다　短い
좁다　狭い
넓다　広い
낮다　低い

文法編　53

用言の例 ✓

パッチムあり・つづき

믿다	信じる
깎다	安くする(値段など)・切る・むく
덥다	暑い
뜨겁다	熱い
춥다	寒い
가깝다	近い
깊다	深い
듣다	聞く
어렵다	難しい
맵다	辛い
쉽다	やさしい(簡単であること)
그렇다	そうだ

Flashcard ✓

음악	音楽
밥	ご飯
K-팝	K-ポップ(K-POP)
전철	電車 (*전동차 電動車)
사진	写真
그림	絵
택배	宅配
공원	公園
노래	歌
기숙사	寮
룸메이트	ルームメイト
외국	外国

例外

※ ~(が)好きだ/嫌いだ/上手だ ; (을/를) 좋아하다. 싫어하다. 잘하다.
※ ~(に)乗る/~会う/~勝つ/~耐える ; (을/를) 타다. 만나다. 이기다. 견디다.

- 밥을 먹다 → 밥을 먹습니다.　　ご飯を食べます。
- 친구를 만나다 → 친구를 만납니다.　友達に会います。
- K-팝을 좋아하다 → K-팝을 좋아합니다.　K-ポップが好きです。
- 전철을 타다 → 전철을 탑니다.　　電車に乗ります。

※ ~(が)好きだ/嫌いだ/上手だ ; (을/를) 좋아하다. 싫어하다. 잘하다.
※ ~(に)乗る/~会う/~勝つ/~耐える ; (을/를) 타다. 만나다. 이기다. 견디다.

助詞　動作が行われる場所を表す「～で」

体言 + 에서 ～

「여기 거기 저기 어디」の後では、「에서」の「에」が省略可能。

① 오늘은 집에서 쉽니다.
② 택배는 편의점에서 받습니다.
③ 공원에서 사진을 찍습니다.
④ 노래방에서 노래를 부릅니다.

▶例文で覚えよう [対話]

(A 씨) 아이코 씨는 지금 어디에서 삽니까?
(B 씨) 대학 기숙사에서 삽니다.
(A 씨) 룸메이트는 한국 사람입니까?
(B 씨) 아뇨, 외국 사람이에요.

助詞 物や人を列挙する「〜と」

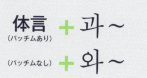

2つまたはそれ以上の名詞をつなげる際に用いるが、それらの名詞は同格で、すべてが述語の対象となる。

- 하늘과 바다 (하늘하고 바다)
- 오렌지와 귤 (오렌지하고 귤)

※話し言葉ではパッチムに関係なく「〜하고」となる。
また、「-(이)랑」の表現もよく用いられるが、くだけた話し言葉としてよく用いられる。

補足

① 「과/와」は、ある行動を話し手と誰かが一緒にしたことを示す際にも用いられる。

例） 주말에는 친구와 영화를 봅니다.
　　 여름 방학 때 가족과 여행을 갑니다.

② 「하고」は、一つの文に2つ以上の名詞が現れる際、最後の名詞の後にも用いることができるが、「과/와」は用いることができない。

例） 원피스하고 신발하고 삽니다. (○)
　　 원피스와 신발과 삽니다. (×)

▶例文で覚えよう [対話]

(A 씨) 교실에는 무엇과 무엇이 있어요?
(B 씨) 의자와 책상이 있습니다.
(A 씨) 또 무엇이 있어요?
(B 씨) 쓰레기통과 교탁이 있습니다.

Flashcard ✓

하늘	空
바다	海
오렌지	オレンジ
귤	みかん
원피스	ワンピース
신발	履き物(靴など)
주말	週末
여름	夏
책상	机
교탁	教卓
쓰레기통	ゴミ箱

7　目的用言の「〜する」 (-하다用言)

基本形が -하다(する) で終わる用言を「하다用言」という。そしてこの用言には2タイプある。

1タイプ　体言(名詞)+하다　　**2タイプ**　用言(形容詞)+하다

- 공부하다　勉強する
- 일하다　仕事する
- 구경하다　見物する
- 출발하다　出発する

- 좋아하다　好きだ・好む
- 싫어하다　嫌いだ
- 조용하다　静かだ
- 시원하다　さわやかだ・涼しい(気持ちや天気や味などだ)・心地よい(気分的に)

하다 用言の例 ✓

도착하다	到着する
마중하다	迎える
미안하다	すまない
배웅하다	見送る
사랑하다	愛する・恋する
시작하다	始まる
안내하다	案内する
얘기하다	話す・語る
요리하다	料理する
전화하다	電話する
중요하다	重要だ
훌륭하다	立派だ・見事だ

文法編

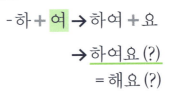

※～하다用言の柔らかい終結語尾表現(해요体)は、用言の「다」を取って、母音「어+요」をつける。
「하여」は主に文章体で用いる。

① 식사하다 → 식사 하 + 여 요(?)
　　　　　　→ 식사해요(?)

② 말하다 → 말 하 + 여 요(?)
　　　　　→ 말해요(?)

「用言(名詞) + 하다」のタイプは、名詞と하다が分離し、
その間に助詞を入れて使ってもよい。　例) 전화를 합니다. / 일을 해요.

時を表すことば②

昨日	毎日	先週	先月	昨年・去年
어제	매일	지난주	지난달	작년(지난해)
今日	毎週	今週	今月	今年
오늘	매주	이번 주	이번 달	금년(올해)
明日	毎年	来週	来月	来年
내일	매년	다음 주	다음 달	내년(다음 해)

※分かち書きに注意！
지난해、지난주、지난달は一つの単語で、이번 주、이번 달、다음 해、다음 주、다음 달 の「이번」と「다음」は名詞で、今(今回、現在)、次(次後、今後)の意味をもちながら「해、주、달」を修飾するので、単語別に離して書く。

Flashcard ✓

식사　食事
공부　勉強
한국말　韓国の言葉
전화　電話

▶例文で覚えよう [対話]

❶ (A 씨) 크리스마스 때는 보통 뭐 해요?
　(B 씨) 친구들과 디즈니랜드에 갑니다.

❷ (A 씨) 알바는 무슨 요일에 해요?
　(B 씨) 보통 주말에 해요.

❸ (A 씨) 매년 겨울 방학에는 가족 여행을 갑니다.
　(B 씨) 아, 그러세요? 정말 부럽습니다.

Flashcard ✓

크리스마스　クリスマス
보통　普通・ふだん
친구들　(複数の)友達
디즈니랜드　ディズニーランド
아, 그러세요?　あ、そうなんですか。
부럽다　うらやましい

8　現在の状況や動作の継続を表す「～している」（進行形）

For formal　改まった終結語尾表現（합니다体）

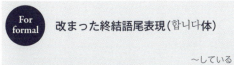

動詞用言の語幹 ＋
-고 있 ＋ 습니다
↓
動詞用言の語幹 ＋
-고 있습니다／
-고 있습니까？

※尊敬形は「-고 계시다（～していらっしゃる）」になる。

(먹다) 먹고 있다.　　(하다) 하고 있다.
(배우다) 배우고 있다.　(만나다) 만나고 있다.

For Casual　柔らかい終結語尾表現（해요体）

-고 있어요／고 있어요？

この部分を置き換えるだけ（意味は同じ）

① 뭐를 만들고 있어요?　③ 대학에 다니고 있습니다.
② 어디에 살고 있어요?　④ 텔레비전을 보고 있습니다.

Flashcard ✓

- 수업　授業
- 그런데　ところが
- 시험　試験(＊테스트 テスト)
- 그래서　それで
- 지금　今
- 공부하다　勉強する
- 알바　アルバイト (아르바이트の略語)
- 아직　まだ
- 괜찮다　大丈夫だ
- 서울　ソウル
- 도쿄　東京
- 날씨　天気
- 텔레비전　テレビ

▶例文で覚えよう

오늘은 한국어 수업이 없어요. 그런데 다음 주에 시험이 있어요. 그래서 지금 도서관에서 공부하고 있어요. 알바는 저녁에 있어요. 시간은 아직 괜찮습니다.

助詞　添加、追加の意を表す「～も」

体言 ＋ 도～

※体言＋도＋아니다(～でもない)
- 아무것도 아니다　何でもない
- 친구도 아니다　友達でもない

서울도
도쿄도

例) 오늘도 날씨가 좋습니다.

▶例文で覚えよう

저는 K-팝을 정말 좋아합니다. 요즘은 사극 드라마도 자주 봅니다. 재미있어요.
제 친구도 한국을 참 좋아해요. 그래서 우리는 가끔 한국어 공부도 같이 하고 있어요.

Flashcard ✓

- 요즘　この頃
- 사극　時代劇
- 드라마　ドラマ
- 자주　しばしば・たびたび
- 참　とても・まことに
- 가끔　ときおり・たまに
- 같이　一緒に

9 縮約を伴う丁寧表現「〜です、ます」形

For formal　改まった終結語尾表現(합니다体)

用言語幹 (パッチムなし) ＋ ㅂ니다(까?)
　　　　(パッチムあり) ＋ 습니다(까?)

- 가다 → 갑니다.
- 오다 → 옵니다.
- 알다 → 압니다.

意味は同じ

For Casual　柔らかい終結語尾表現(해요体)

※縮約形は、用言の語幹にパッチムがないとき、連用形の母音「아/어」が用言語幹に結合する場合と脱落する場合がある。

用言語幹(パッチムなし)の場合、
用言 ＋ 連用形 → 縮約形
① 아/어 結合 ＋ 요
② 아/어 脱落 ＋ 요

叙述、疑問のほか、「〜しましょう」「〜しなさい」という誘いや命令の意味でも使われる。

(脱落の場合)
- 가다
→ 가＋아
→ <u>가</u>

(結合の場合)
- 오다
→ 오＋아
→ <u>와</u>

連用形とは？
「用言語幹＋아/어」になる活用形をいう。

[縮約形のルール]
語幹(다のすぐ前の字)に含まれる母音が陽母音(ㅏ、ㅗ など)か陰母音(ㅏ、ㅗ 以外)かで、加えられる母音が異なる。
つまり、
①用言語幹の母音が「ㅏ/ㅗ」の場合
　用言の다を取って、아をつけて縮約形に！
②用言語幹の母音が「ㅏ/ㅗ以外」の場合
　用言の다を取って、어をつけて縮約形に！

もっと詳しく！

母音(아／어)が結合する4パターン

活用(作り方)の例

① ㅗ + 아 → ㅘ　　오다 (来る) → 오 + 아 → 와
② ㅜ + 아 → ㅝ　　배우다 (習う・学ぶ) → 배우 + 어 → 배워
③ ㅣ + 아 → ㅕ　　마시다 (飲む) → 마시 + 어 → 마셔
④ ㅚ + 아 → ㅙ　　되다 (なる) → 되 + 어 → 돼

+ 요

※보다(見る)、되다(なる)は、書きことばで母音結合なく「보아요」「되어요」が用いられる場合もある。

母音(아／어)が脱落する5パターン

活用(作り方)の例

① ㅏ + 아 → ㅏ　　가다 (行く) → 가 + 아 → 가
② ㅓ + 어 → ㅓ　　서다 (立つ) → 서 + 어 → 서
③ ㅕ + 어 → ㅕ　　보내다 (送る・送り出す) → 보내 + 어 → 보내
④ ㅐ + 어 → ㅐ　　켜다 (点ける) → 켜 + 어 → 켜
⑤ ㅔ + 어 → ㅔ　　세다 (数える・強い) → 세 + 어 → 세

+ 요

※보내다(送る)、세다(数える・強い)は、書きことばで母音脱落なく「보내어요」「세어요」が用いられる場合もある。

- 어디에 가요? どこに行きますか。 ── 학교에 가요. 学校へ行きます。
  같이 가요. 一緒に行きましょう。

10 行き来など移動目的を表す接続語尾「〜しに」

가다(行く)、오다(来る)、다니다(通う)などの動詞と共によく用いられる。

用言（動詞）語幹 ＋ 으러〜
(バッチムあり)

(バッチムなし/ㄹバッチム) ＋ 러〜

(먹다) 먹으러　　(놀다) 놀러

(만나다) 만나러　(공부하다) 공부하러

▶例文で覚えよう

내일은 친구들과 에버랜드에 놀러 가요. 그래서 지금
마트에 도시락 재료를 사러 가고 있어요.
불고기감 고기하고 김밥용 김도 사요.
저는 한국 음식 중에서 불고기하고 김밥을 제일 좋아해요.

Flashcard ✓

친구들　友達（複数の場合）
에버랜드　エバーランド
(*韓国の遊園地の一つ)
마트　マーケット
도시락　弁当
재료　材料
불고기감　プルコギ用
*불고기　プルコギ
(*고기　肉)
김밥용　のり巻き用
*김　海苔
*밥　ご飯
음식　食べ物
제일　一番・第一

11 丁寧なニュアンスを表す終結語尾表現 〜のことです（か）、〜です（ね）、〜ですって!?

体言・指定詞 ＋ 이요(?)
(バッチムあり)

(バッチムなし) ＋ 요(?)

対話中に文をはしょり、単語や文の一部で応答する場合、そのままだとぞんざいな印象を与えますが、「(이)요」をつけると丁寧なニュアンスを加えることができます。主に聞き返しの場面に用いて、語尾がついた単語や副詞や助詞の後につきます。

①정말 ＋ 이요.　　④왜 ＋ 요?

②저 ＋ 요.　　⑤나카무라 씨 ＋ 요?

③제가 ＋ 요.　　⑥아니 ＋ 요.

Flashcard ✓

쇼핑	買い物
명동	明洞
액서서리	アクセサリー
과	科(「학과 学科」の省略表現)
누굴(누구를)	誰を
영화	映画
주로	主に
혼자	独り
혼자(서)	独り(で)
뭘(무엇을/워를)	何を
비빔밥	ビビンバー
닭갈비	タックカルビ
소녀시대	少女時代
정말(이다)	本当(だ)
정말(로)	本当(に)

▶例文で覚えよう [対話]

❶ (A 씨) 이번 주말에는 뭐 해요?
(B 씨) 쇼핑 가요.
(A 씨) 뭐를 사러요?
(B 씨) 명동에 액서서리를 보러 가요.
(A 씨) 누구하고요?
(B 씨) 과 선배 언니하고요.

❷ (A 씨) 한국 음식은 뭘 좋아해요? ——— (B 씨) 비빔밥하고 닭갈비요.

❸ (A 씨) k-팝 가수는 누굴 좋아해요? ——— (B 씨) 소녀시대요.

❹ (A 씨) 저는 한국 영화를 자주 보러 가요.
(B 씨) 주로 누구하고 가요?
(A 씨) 저 혼자요.

助詞 方向を表す「〜に」②

① 移動の目的地や方向を表す場合。「〜へ」と同じ。
② 「가다(行く)/오다(来る)/다니다(通う)」などの「動詞」について、
　行為の進行方向や目的地を示す。

体言 ＋ 에 〜

어디(에) 갑니까?　　　　　・백화점에 가방을 사러 가요.
어디(에) 가요?　　　　　　・영화관에 영화를 보러 갑니다.

Flashcard ✓

여름	夏
외할머니	(母方の)祖母
댁	お宅
유학생	留学生
봄	春
대학교	大学(校)
서울	ソウル
이화여자대학교	梨花女子大学

▶例文で覚えよう

❶ 저는 매년 여름 방학 때 바다에 가요. 거기는 제 외할머니 댁도 있어요.

[対話]

❷ (A 씨) 나카무라 씨는 어느 대학교에 다녀요?
(B 씨) 이화여자대학교에 다녀요. 유학생이에요.

❸ (A 씨) 언제 또 서울에 와요? ——————— (B 씨) 봄 방학 때요.

助詞 「〜で、〜へ、〜として」

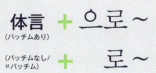

体言 (パッチムあり) ＋ 으로〜

(パッチムなし／ㄹパッチム) ＋ 로〜

Flashcard ✓

대표　代表
젓가락　箸
커피숍　コーヒーショップ
가족　家族
택시　タクシー

1. 手段、道具、方法、材料など

　例) 한국어로　　젓가락으로　　택시로

2. 方向(〜へ〜)；目的地を表す体言につく

　例) 옆 건물로　　커피숍으로　　서울로

3. 資格、地位、身分(〜として〜)

　例) 학생 대표로　　가족으로　　친구로

※「에」に入れ替え可能；가다(行く)、오다(来る)のような移動を表す動詞と共に用いられる。ただし、目的地ではなく、<u>方向を示す文脈では「에」を用いることはできない。</u>

方向を示す文脈の例

(1) 아이코 씨, 다음은 어디로 갑니까?
　— 기숙사로 돌아갑니다. (○)
　— 기숙사에 돌아갑니다. (○)

(2) 실례합니다만, 이 근처에는 약국이 어디에 있습니까?
　— 왼쪽으로 가세요. 병원 옆에 있습니다. (○)
　— 왼쪽에 가세요. 병원 옆에 있습니다. (×)

Flashcard ✓

다음(은)　次(は)
실례합니다만　失礼ですが
병원　病院
기숙사　寄宿舎(寮)
돌아가다　帰る

12 敬語（尊敬形）の表現「〜される、〜（ら）れる、（お）〜になる、〜なさる／〜でいらっしゃる」

韓国語の尊敬形は、目下に対しても初対面や親しくない人に対しても使われます。また、他人に身内(目上の人)のことを言うときも尊敬形を用います。

例：
日本→（父は）おります。
韓国→（お父さまは）いらっしゃいます。

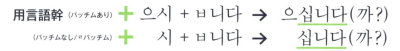

※누구(誰)の後では「이십니까?」の「이」が省略され「누구십니까?」となる。

안녕하다　（安寧である・安寧だ）
안녕하시다
↓
안녕하십니까?

※ -세요の補足
　-세요の古語は「셔요」(시 + 어→ 셔 + 요⇒ 셔요)

使い方に注意

単に尊敬を表す場合と、尊敬を含む軽い命令や依頼の場合があります。

1 叙述、疑問　～されます(か)、お/ご～です(か)

- 어디에 가십니까?
  どこに行かれますか。
- 뭘 찾으세요?
  何をお探しですか。
- 신문을 보고 계세요.
  新聞をご覧になっています。

2 丁寧な指示　～して下さい、お～下さい

- 오세요!
  おいで下さい。
- 받으세요.
  受け取って下さい。
- 롯데월드로 오세요.
  ロッテワールドに来て下さい。

3 名詞　～でいらっしゃる

- 이 분은 한국어 선생님이세요.
  この方は韓国語の先生でいらっしゃいます。
- 일본 분이십니다.
  日本の方でいらっしゃいます。

特殊尊敬語

●用言の場合

食べる	먹다	→ 召し上がる	⎡ 드시다
飲む	마시다		⎣ 잡수시다
死ぬ	죽다	→ お亡くなりになる	돌아가시다
寝る	자다	→ お休みになる	주무시다

●名詞の場合

話・言葉	말	→ お話し	말씀	お父さん	아버지	→ お父さま	아버님
家	집	→ お宅	댁	お母さん	어머니	→ お母さま	어머님
名前	이름	→ お名前	성함	息子	아들	→ ご息子	아드님
歳	나이	→ お歳	연세	娘	딸	→ お嬢さま	따님
				両親	부모	→ ご両親	부모님

●いる（人が主語のとき）

| いる | 있다 | → いらっしゃる | 계시다 | 例) 선생님 계십니까? |
| いない | 없다 | → いらっしゃらない | 안 계시다 | 선생님은 안 계세요. |

●ある（物事が主語のとき「時間・約束など」）

| ある | 있다 | → おありだ | 있으시다 | 例) 저의 할머님은 오늘 친구 |
| ない | 없다 | → おありでない | 없으시다 | 분과 약속이 있으세요. |

もっと詳しく！

※**해요**体の場合は、通常と異なる形の活用をします。

드시다 → 드 + 세요
주무시다 → 주무 + 세요
계시다 → 계 + 세요

먹다 → 먹 + 으세요
자다 → 자 + 세요
있다 → 있 + 으세요

← これらの表現はタブー!!

13 お願いなど依頼形の丁寧表現「〜(し)て下さい」(してもらう意味合いが強い)

For formal 改まった終結語尾表現(합니다体)

用言(動詞)・体言 + 아/어/해 (連用形) ～(し)て + 주다 あげる・くれる
→ 주+시+다 (= 주시다) 〜て下さる
尊敬語活用語尾

※名詞の後には(連用形×)、+주십시오になる。

用言+(아/어/해) (動詞) + 주시 + ㅂ시오
→ 주십시오

※「-아/어/해 주세요」より、より丁寧な言い方になる。

① (읽다)　　　읽어 + 주십시오.　読んで下さい
② (돌아가다)　돌아가 + 주십시오.　帰って下さい
③ (열다)　　　열어 + 주십시오.　開けて下さい
④ (기다리다)　기다려 + 주십시오.　待って下さい
⑤ (계산하다)　계산해 + 주십시오.　計算して下さい
⑥ (김치)　　　김치 + 주십시오.　キムチ下さい

For Casual 柔らかい終結語尾表現(해요体)

用言・体言 + 아/어/해 (連用形) + 주다 あげる・くれる

用言(動詞)+아/어/해 + 주 + 세요 → 주세요

※名詞の後には(連用形×)、+주세요になる。

① (읽다)　　　읽어 + 주세요.　読んで下さい
② (돌아가다)　돌아가 + 주세요.　帰って下さい
③ (열다)　　　열어 + 주세요.　開けて下さい
④ (기다리다)　기다려 + 주세요.　待って下さい
⑤ (계산하다)　계산해 + 주세요.　計算して下さい
⑥ (김치)　　　김치 + 주세요.　キムチ下さい

違いに注意

相手に頼むときの表現のほか、行為の授受表現
(やる・もらうの言い方) として用いられる場合。

- -連用形 + 주다
  ～(し)てあげる(やる)
  ～(し)てくれる

(友達に) 사전을 빌려 주다. してあげる
(友達が) 사전을 빌려 주다. してくれる

- -連用形 + 주시다 (より丁寧な表現)
  ～(し)て下さる

(祖父が) 가방을 사 주시다. して下さる

- -連用形 + 드리다
  ～(し)て差し上げる

(祖父に) 선물을 보내 드리다 して差し上げる

謙譲　안내해 드리다. ご案内する
(お/ご)～する　전화해 드리다. お電話する

Flashcard ✓

선물　贈り物・プレゼント
드리다　差し上げる
빌리다　借りる
사전　辞書・辞典・事典

文法編

助詞 （時間・日付・場所・順序の起点）**から**
（到着・終了・限度・地点）**まで**

例
| 時間 | （開始時）**부터** | （終了時）**까지** |
| 場所 | （スタート）**에서** | （ゴール）**까지** |

※縮約；여기에서(여기서)/어디에서(어디서)

● いつからいつまで
언제**부터** 언제**까지**

● 成田から仁川まで
나리타**에서** 인천**까지**

＊順序の起点を表す「から」は「부터」を用いる。
밥부터 먹습니다.

14 物や人の数の数え方に使われる「数詞」（固有語形）

1	2	3	4	5	6	7	8	9	10
하나(한)	둘(두)	셋(세)	넷(네)	다섯	여섯	일곱	여덟	아홉	열
11	20	30	40	50	60	70	80	90	100
열하나(열한)	스물(스무)	서른	마흔	쉰	예순	일흔	여든	아흔	백

助数詞とともに使う場合の形は変わる

100以上は漢字語数詞を使う

※日本語の数え方で二 四 六 八 十は、韓国語で 둘 넷(네) 여섯(여서) 여덟(여덜) 열

※固有語数詞の後ろに、単位を表す助数詞がつく場合

1	2	3	4	…	11	12	13	14	…	20 + 個
하나	둘	셋	넷		열하나	열둘	열셋	열넷		스물
↓	↓	↓	↓							↓
한	두	세	네							스무+개

●時刻の言い方

固有数詞 + 시(時) / 漢数字 + 분(分)

- 지금은 정오입니다.
  正午
- 12시 5분 전이에요.
  前
- 10분 후에 만나요.
  後

▶例文で覚えよう [対話]

(A씨) 약속 시간이 몇 시예요?
(B씨) 오후 두 시예요.
(A씨) 지금 몇 시 쯤이에요?
(B씨) 열 두시 사십 오분이에요.
(A씨) 벌써요? 어머, 시간이 별로 없어요. 빨리 출발해요!

Flashcard ✓

약속	約束
오후	午後
쯤	頃・ぐらい・ほど
벌써요?	もう〜ですか。
어머	まあ・あら
별로	さほど・大して・あまり
빨리	速く・すばやく・早く
출발	出発

▶例文で覚えよう [対話]

(A씨) 1교시 수업은 몇 시부터 시작해요?
(B씨) 9시부터 시작해요.
　　　(9시에 시작해요.「9時に始まります」も可能)

Flashcard ✓

장미　薔薇
부탁하다
　　お願いをする・頼む
꽃　花
선물용　プレゼント用
포장　包装
여기 있습니다.
　　ここにあります。(どうも)
또 오세요.
　　またお越し下さい。

固有語形の助数詞

時間	枚	個	名	本 (ビン類)	本 (鉛筆類)	杯
시간	장	개	명	병	자루	잔
りん(花)	冊	着 (服など)	靴下など	～度目	人	匹・頭・羽など 生き物
송이	권	벌	켤레	번째	사람	마리
歳(才)	ヶ月	台	箱	～名様	丼など (杯)	回(回数など)
살	달	대	상자	분	그릇	번

(A씨) 장미 꽃 백 송이를 선물용으로 포장 부탁합니다.
(B씨) 네, 손님. …여기 있습니다. 감사합니다. 또 오세요.

Flashcard ✓

제주도　済州島
어떻게　どのように
김포공항　金浦空港
비행기　飛行機
배　船
인천　仁川
부산　釜山
출발　出発
계속　ずっと
비　雨
도쿄역　東京駅
3호선　3号線
신칸센　新幹線
정도　程度
인사동　仁寺洞
택시　タクシー
이내　以内
도착　到着
시작　始め・スタート
또요?　またですか?
　　　(もうですか?)
신오사카　新大阪
역　駅
정도　ほど・程度
걸리다　かかる
지하철　地下鉄

▶例文で覚えよう [対話]

❶ (A씨) 서울에서 제주도까지는 어떻게 가요?
　(B씨) 김포공항에서 비행기를 타고 갑니다. 배도 있습니다.
　　　 인천과 부산에서 출발합니다.

❷ (A씨) 오늘도 아침부터 밤까지 계속 비가 내리고
　　　 있습니다.
　(B씨) 또요?

❸ (A씨) 도쿄역에서 신오사카역까지 신칸센으로 시간이
　　　 얼마나 걸립니까?
　(B씨) 2시간 정도 걸립니다.

❹ (A씨) 서울역에서 인사동까지는 택시로 몇 분 정도예요?
　(B씨) 택시로 30분 이내에 도착해요. 지하철도 가요.
　　　 3호선이에요.

15 過去形「〜でした、〜（し）ました」

●過去形① 指定詞　肯定

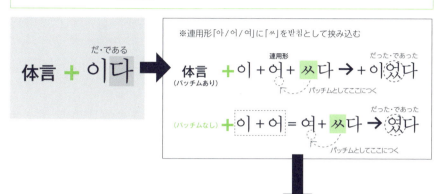

パッチムなしの体言の場合は、「이었」が縮約されて「였」となる。「パッチムあり」の体言は縮約されないので注意。

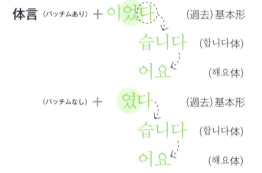

ポイント　※語尾「다」を「습니다(까?)」「어요(?)」に置き換えるだけで「〜でした、(し)ました」になる。

▶例文で覚えよう [対話]

(A씨) 어제는 제 생일이었습니다.
(B씨) 어머 정말요? 축하합니다.
(A씨) 고맙습니다.
(B씨) 남자 친구 선물은?
(A씨) 목걸이와 장미 꽃이었어요.
(B씨) 어머나〜, 남자 친구가 참 멋있어요〜.

Flashcard ✓

정말요?　本当ですか。
남자　男子
　(남자친구　付き合っている彼のことを意味する場合もある)
축하하다　祝賀する
고맙다　有り難い
어머나　〜
　あら〜・おや〜・
　まあ〜
목걸이　ネックレス

指定詞　否定

体言＋이/가 아니다（ではない）（パッチムあり/なし） → 体言＋이/가+아니+어＋ㅆ다（連用形）（パッチムとしてつく）

体言＋이/가 ┌ 아니었다（ではなかった）　（過去）基本形
　　　　　　├ 습니다(까?)（〜ではありません）　(합니다体)
　　　　　　└ 어요（〜ではありません）　(해요体)

もっと詳しく！

바다가 아니다 (平叙)形
아닙니다(까?)
아니에요(?)

바다가 아니다 (過去)形
아니었다
습니다(까?)
어요(?)

Flashcard ✓

결코　決して
천재　天才

▶例文で覚えよう　・그는 결코 천재가 아니었습니다.

存在詞

있다（いる・ある）

있+어＋ㅆ다（連用形）（パッチムとしてつく）

있었다（いった・あった）（過去）基本形
습니다(까?)（いました・ありました）(합니다体)
어요　(해요体)

없다（ない・いない）

없+어＋ㅆ다（連用形）（パッチムとしてつく）

없었다（なかった・いなかった）（過去）基本形
습니다(까?)（ありませんでした・いませんでした）(합니다体)
어요　(해요体)

①(平叙形)　　　　　(過去形)
　맛있다　　　　　　맛있다
　맛있습니다(까?)　맛있었다
　　어요(?)　　　　　　습니다/까?
　　　　　　　　　　　　어요/(?)

②(平叙形)　　　　　(過去形)
　재미없다　　　　　재미없다
　재미없습니다(까?)　재미없었다
　　어요(?)　　　　　　습니다/까?
　　　　　　　　　　　　어요/(?)

▶例文で覚えよう
・어제는 알바가 없었습니다.
・그때는 제가 따로 생각이 있었습니다.

Flashcard ✓

따로　別に・他に
생각　考え・思い
야구　野球
야구장　野球場
시합　試合
선수　選手
열심히　一生懸命・熱心に
응원하다　応援する

〜하다用言

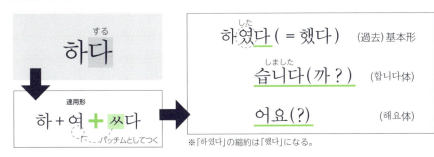

※「하였다」の縮約は「했다」になる。

▶例文で覚えよう

어제는 야구 시합이 있었어요. 제가 아니고 제 친구가 야구선수예요. 그래서 어제는 야구장에서 친구를 열심히 응원했어요.

接続詞

そして	それから	それで	それでは
그리고	그리고나서	그래서	그러면/그럼
だから	それでも	それに	しかも
그러니까	그래도	게다가	더구나
しかし	けれども	だが	したがって
그러나	그렇지만	하지만	그러므로
ところで		ところが	
그런데(그건 그렇고)		그랬더니(그러나/그런데)	

● 過去形②

過去表現は語幹の後に「連用形＋ㅆ」をつけて、
합니다体は「습니다(까?)」を、해요体は「어요(?)」をつけます。

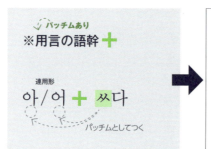

例)

먹다 (食べる) → 먹 + 어 + ㅆ다 → 먹었다 食べた 食べました
 (습니다/까?・어요/?)

읽다 (読む) → 읽 + 어 + ㅆ다 → 읽었다 読んだ 読みました
 (습니다/까?・어요/?)

많다 (多い) → 많 + 아 + ㅆ다 → 많았다 多かった 多かったです
 (습니다/까?・어요/?)

살다 (住む・暮らす) → 살 + 아 + ㅆ다 → 살았다 暮らした 暮らしました
 (습니다/까?・어요/?)

※用言の語幹（パッチムなし） + 아/어（連用形） → 用言の語幹 + 縮約形（結合＆脱落） + 씨다

もっと詳しく！

結合の場合（4パターン）

① ㅗ + 아 → 와　　오다 (来る)　　→ 오 + 아 → 왜 + ㅆ다（パッチムとしてつく）
　　　　　　　　　　　　　　　　→ 왔다 (습니다/까?・어요/?)

② ㅜ + 아 → 워　　배우다 (習う・学ぶ)　→ 배우 + 어 → 배워 + ㅆ다（パッチムとしてつく）
　　　　　　　　　　　　　　　　→ 배웠다 (습니다/까?・어요/?)

③ ㅣ + 아 → 여　　마시다 (飲む)　　→ 마시 + 어 → 마셔 + ㅆ다（パッチムとしてつく）
　　　　　　　　　　　　　　　　→ 마셨다 (습니다/까?・어요/?)

④ ㅚ + 아 → 왜　　되다 (なる)　　→ 안되 + 어 → 안돼 + ㅆ다（パッチムとしてつく）
　　　　　　　　　　　　　　　　→ 안됐다 (습니다/까?・어요/?)

脱落の場合（5パターン）

① ㅏ + 아 → ㅏ　　가다 (行く)　　→ 가 + 아 → 가 + ㅆ다（パッチムとしてつく）
　　　　　　　　　　　　　　　　→ 갔다 (습니다/까?・어요/?)

② ㅓ + 어 → ㅓ　　서다 (止まる)　　→ 서 + 어 → 서 + ㅆ다（パッチムとしてつく）
　　　　　　　　　　　　　　　　→ 섰다 (습니다/까?・어요/?)

③ ㅐ + 어 → ㅐ　　내다 (出す・払う)　→ 내 + 어 → 내 + ㅆ다（パッチムとしてつく）
　　　　　　　　　　　　　　　　→ 냈다 (습니다/까?・어요/?)

④ ㅕ + 어 → ㅕ　　켜다 (点ける)　　→ 켜 + 어 → 켜 + ㅆ다（パッチムとしてつく）
　　　　　　　　　　　　　　　　→ 켰다 (습니다/까?・어요/?)

⑤ ㅔ + 어 → ㅔ　　세다 (数える)　　→ 세 + 어 → 세 + ㅆ다（パッチムとしてつく）
　　　　　　　　　　　　　　　　→ 셌다 (습니다/까?・어요/?)

16 並列の接続語尾表現「〜(し)て、〜(く)て、〜であり、〜(する)し、〜(だ)し、〜(し)てから」

体言 + (이)고
用言語幹 + 고

2つ以上の事実を単純に並べるときに用いる。

例) 한국의 온돌(방)은 여름에는 시원하<u>고</u> 겨울에는 따뜻해요.

▶例文で覚えよう [対話]

❶ (A씨) 그 가수를 왜 좋아해요?
　(B씨) 노래도 잘하고 잘 생겼어요.

❷ (A씨) 여기는 학생과(이)고 저쪽이 교무과예요.
　(B씨) 아, 네. 잘 알겠습니다. 고맙습니다.

❸ (A씨) 기숙사는 어때요?
　(B씨) 넓고 깨끗해요.

❹ (A씨) 요즘 서울날씨는 어떻습니까?
　(B씨) 가을 하늘이 맑고 깨끗해요. 구름도 전혀 없고 아주 좋아요.

その他、以下の場合も使われる。

①2つ以上の出来事が同時に起きることを示すとき。
　어제부터 비바람이 몹시 강하<u>고</u> 춥습니다.
②1つの(先行)動作が完了したのち、別の動作が続くことを示すとき。
　보통 밥을 먹<u>고</u> 이를 닦습니까? 이를 닦<u>고</u> 밥을 먹습니까?
③一部の動詞の動作が完了したときの状態が後続文の動作に持続することを示すとき。
　어제는 한복을 입<u>고</u> 경복궁에 다녀왔어요.

Flashcard ✓

가수　歌手
잘 생기다
　見目よい・ハンサム
학생과　学生科
교무과　教務科
온돌(방)　オンドル(部屋)
불다　吹く
이　歯
닦다　磨く
한복
　韓服(民族衣装、チマチョゴリ)
경복궁　景福宮
잘 알겠습니다.
　よく分かりました。
따뜻하다　暖かい
구름　雲
어떻다　どうだ
어때요?(해요体)
　どうですか。
가을　秋
깨끗하다　きれい
맑다　清い・澄んでいる
전혀　全然・全く
비바람　雨風
강하다　強い
몹시　かなり
춥다　寒い

助詞 人・動物につけて表す「〜に、〜へ」

体言 + 에게 〜
　　　 한테 〜 (話し言葉)
　　　 께 〜 (目上の人に)

※縮約形 (저에게 → 제게)、(나에게 → 내게)

[친구에게
  친구한테]
[강아지에게
  강아지한테]
・할아버지께
・선생님께

▶例文で覚えよう

이번 주말에는 외할머니 댁에 가요. 어제 외할머니께 전화를 걸었어요.
사실은 제가 동생한테 시켰어요. 물론 아빠하고 엄마도 가요.
외할머니 댁에는 강아지가 한 마리 있어요. 제가 강아지를 굉장히 좋아해요.
강아지 밥도 주고 동생하고 같이 바닷가 산책도 하고…
아주 즐겁습니다.
주말이 기다려져요. 벌써부터 행복합니다.

Flashcard ✓

- 사실은　事実は・実は
- 동생　弟・妹
- 아빠　お父さん・パパ
- 강아지　子犬
- 물론　無論・勿論
- 굉장히　すごく・大変
- 바닷가　海辺
- 산책　散策・散歩
- 아주　非常に・とても
- 행복하다　幸せだ
- 기다려지다　待ちどおしい
- 벌써부터
  　すでに・もうとっくに
- 즐겁다　楽しい・愉快だ
- 할아버지
  　祖父(母方は、외할아버지)
- 할머니　祖母
- 외할머니　祖母(母方)
- 시키다
  　させる(やらせる)・
  　注文する

17 不規則活用形「으変則用言」

①用言の語幹「ㅡ」前の字の母音が「ㅏとㅗ」の場合 → 語幹の「ㅡ」を取って、子音に「ㅏ」をつける。

忙しい
바쁘다

바쁘 + ㅏ → 바빠 → 바빠
　脱落

【해요体】　바쁘 + ㅏ → 바빠 + 요 → 바빠요(?)　　忙しいです
【합니다体】바쁘 + ㅂ니다(까?) → 바쁩니다(까?)
【過去形】　바빠 + ㅆ다 → 바빴다　　　　　　　　忙しかった
　　　　　　　　パッチムとしてつく　(습니다.어요/?)

②用言の語幹「ㅡ」前の字の母音が「ㅏとㅗ以外」の場合 → 語幹の「ㅡ」を取って、子音に「ㅓ」をつける。

きれい
예쁘다

예쁘 + ㅓ → 예뻐 → 예뻐
　脱落

【해요体】　예쁘 + ㅓ → 예뻐 + 요 → 예뻐요(?)　　きれいです
【합니다体】예쁘 + ㅂ니다(까?) → 예쁩니다(까?)
【過去形】　예뻐 + ㅆ다 → 바뻐다　　　　　　　　きれいだった
　　　　　　　　パッチムとしてつく　(습니다.어요/?)

いろいろな「으変則用言」 ✓

- 나쁘다　悪い
- 모으다　集める
- 아프다　痛い
- (배가)고프다
　(腹が)空く・空腹だ
- 슬프다　悲しい
- 기쁘다　嬉しい
- 따르다　従う・注ぐ
- 끄다　消す
- 크다　大きい

③用言の語幹「ㅡ」前に文字がない場合 → 語幹の「ㅡ」を取って、子音に「ㅓ」をつける。

書く・被る・使う
쓰다

쓰 + ㅓ → 써 → 써
脱落

【해요体】　쓰 + ㅓ → 써 + 요 → 써요(?)　　書きます
【합니다体】쓰 + ㅂ니다(까?) → 씁니다(까?)
【過去形】　써 + ㅆ다 → 썼다　　　　　　　　書いた
　　　　　　　　パッチムとしてつく　(습니다.어요/?)

18 用言の丁寧表現「否定形」 ～(く)ない、～(し)ない、～(で)ない

・2つの表現があります。
　用言の前で活用する場合(前置否定)と用言の後で活用する場合(後置否定)があります。
※使い方のポイント！自分の意思で「しない、やらない」という場合に用いる。

1 後置否定

用言語幹 ＋ 지 않다　(く)ない・(し)ない・(で)ない

↓

For formal 改まった終結語尾表現(합니다体)

用言語幹 ＋
～(く)ないです、～(し)ないです、～(で)ないです
지 않 ＋ 습니다/까?

→ 지 않습니다/까?

この部分を置き換えるだけ

For Casual 柔らかい終結語尾表現(해요体)

아요/?

2 前置否定　話し言葉でよく用いられる

안 ＋ 用言

↓

① 平叙
　안 가다
　　갑니다/까?
　　가요/?

② 過去
　안 가다
　→ 안 가 ＋ 어 ＋ 쓰다
　　　　　脱落　　パッチムとしてつく

　→ 안 갔다
　　　습니다/까?
　　　어요/?

① 平叙
　가 ＋ 지 않다
　　습니다/까?
　　아요/?

② 過去
　가 ＋ 지 않다
　(지않 ＋ 아 ＋ 쓰다)
　　　　　　　　パッチムとしてつく
　↓
　가지 않았다
　　습니다/까?
　　어요/?

19 用言（動詞・하다用言）の丁寧表現
「不可能形」〜（することが）できない、〜られない

・2つの表現があります。
　用言の前で活用する場合（前置不可能）と用言の後で活用する場合（後置不可能）があります。
※使い方のポイント！「意思はある。でも、できない。」
　能力不足や事情で実行不可能という場合に用いる。

1 後置不可能

用言（動詞・하다用言）語幹 ＋
（することが）できない・られない
지 못하다

2 前置不可能　話し言葉でよく用いられる

못 ＋ 用言（動詞・하다用言）

① 平叙
　못 먹다
　　습니다/(까?)
　　어요/(?)

② 過去
　못 먹다
　→ 못 먹 + 어 + 다
　　　　脱落　　パッチムとしてつく
　→ 못 먹었다
　　습니다/(까?)
　　어요/(?)

For formal 改まった終結語尾表現（합니다体）

用言（動詞・하다用言）語幹 ＋
〜（られ）ません／か
지 못하 + 니다(까?)
→ -지 못합니다(까?)

① 平叙
　먹 + 지 못하다
　→ 하 + ㅂ니다
　→ 합니다(까?)
　　하여요(?)
　　(＝해)

② 過去
　먹 + 지 못하다
　→ 하 + 여 + 다
　→ 하였다
　　습니다(까?)
　　어요(?)

この部分を置き換えるだけ

For Casual 柔らかい終結語尾表現（해요体）

-지 못 +여+요(?)
（＝해）
↓
用言（動詞・하다用言）語幹 ＋
-지 못하여요(?)
-지 못요(?)

【前置否定】と【前置不可能】表現

- 안/못を「하다用言」に使うときは、하다の直前に안/못を入れます。
  공부 **안** 하다
  공부 **못** 하다
- 「〜が下手だ(苦手だ・上手くない)을/를 잘 못하다」⇔「〜が上手だ(得意だ・上手い)을/를 잘하다」のように、日本語では「〜が」を用いますが、韓国語では「을/를 (を)」が用いられます。
- 発音注意
  못 먹다 [몬먹따] (鼻音化)　　食べられない
  못 가다 [몯까다] (濃音化)　　行けない
  못 하다 [모타다] (激音化)　　できない

▶例文で覚えよう [対話]

❶ (A씨) 저는 피아노를 못 배웠습니다. 그래서 못 칩니다.
　(B씨) 그러세요? 저는 피아노를 좋아하지 않아요. 안 배웠어요.

❷ (A씨) 내일 시간 있으세요?
　　　　우리 같이 한강에서 유람선 타고 데이트 해요.
　(B씨) 미안해요. 저는 배를 못 타요. 무서워요〜.

Flashcard ✓

피아노　ピアノ
치다　弾く
한강　漢江
유람선　観光船(クルーズ)
데이트　デート
배　船
무서워요〜.　怖いです〜。

20 逆接を表す接続語尾「〜(する)が、〜(だ)けれど(も)」

前の内容を認めつつ、反対の意などを付け加える際に使います。

体言　＋ 이지만
用言語幹　＋ 지만

※体言につく「이지만」は、会話では「이」省略可能

(좋다)	좋 +	지만
(맛있다)	맛있 +	지만
(먹었다)	먹었 +	지만
(수상이다)	수상 +	이지만
(놀다)	놀 +	지만
(갔다)	갔 +	지만

Flashcard ✓

어렵다　難しい
말　言葉
수상　首相

▶例文で覚えよう [対話]

(A씨) 한국어 공부는 어때요? 어렵지 않아요?
(B씨) 네, 어렵지만, 아주 재미있어요.
　　　 그런데 말은 아직 잘 못해요.

21 「ㄹ(リウル)」語幹の用言について

基本形の語幹がㄹパッチムで終わる用言です。用言の後ろにどのような活用語尾がくるかによって、ㄹが落ちる場合(脱落)と落ちない場合があります。ただしㄹ기、ㄶ、ㄼなどのㄹを含むパッチムをもつ語幹はここでいうㄹ語幹ではないので注意して下さい。

主にㄹパッチムの後に「ㄴ ㅂ ㅅ」で始まる子音(活用語尾)がくると、ㄹが落ちます(脱落)。

ㄹ語幹の用言 ✓

알다　知る・分かる
만들다　作る
놀다　遊ぶ
길다　長い
울다　泣く
멀다　遠い
들다　持つ
열다　開ける
달다　甘い
빌다　祈る
팔다　売る
가늘다　細い
걸다　かける

① ㄹ脱落の場合

　　　(基本形)　　　(活用形)
만들다 + (스)ㅂ니다 → 만드 + ㅂ니다 → 만듭니다
만들다 + (으)세요 → 만드 + 세요 → 만드세요

② ㄹ脱落しない場合

만들다 + (아/어)요 → 만들 + 어요 → 만들어요
만들다 + (으)지만 → 만들지만

要注意！ㄹパッチム後に「ㄹ」で始まる子音活用語尾がくると、ㄹパッチムは脱落しない。
　例)～しに(-러/으러)：遊び(놀다) 놀 + 러

※違い(例)

　　　　　　買う　　　　　　　　　　　住む・生きる・暮らす
(사다)　가방을 삽니다.　　(살다) 부산에 삽니다.
　　　　　사요.　　　　　　　　　　　살아요.

> ▶例文で覚えよう [対話]
>
> (A씨) 지금 뭐하고 계세요?
> (B씨) 어머, 잘 왔어요. 김치 볶음밥을 만들고 있어요. 같이 먹어요.
> (A씨) 음~, 냄새가 좋습니다. …맛있겠다.
> (B씨) 그래요? …많이 드세요.
> (A씨) 잘 먹겠습니다.

Flashcard ✓

볶음밥　チャーハン・焼き飯
냄새　匂い・香り
맛있겠다　美味しそう
잘 먹겠습니다.　いただきます。

22　話し手の希望や願望を表す終結語尾 「～したい」

For formal　改まった終結語尾表現(합니다体)

用言(動詞・存在詞)語幹 ＋

～したい
고 싶다

※形容詞には用いない

用言語幹 ＋
고 싶 ＋ 습니다
↓
고 싶습니다(까?)

この部分を置き換えるだけ

For Casual　柔らかい終結語尾表現(해요体)

-고 싶 ＋ 어요
↓
-고 싶어요(?)

(가다)　가 ＋ 고 싶다
(타다)　타 ＋ 고 싶다
(먹다)　먹 ＋ 고 싶다
(살다)　살 ＋ 고 싶다

> ▶例文で覚えよう [対話]
>
> (A씨) 아까부터 머리가 아파요. 조금 쉬고 싶어요.
> (B씨) 감기예요?
> (A씨) 잘 모르겠어요.
> (B씨) 그럼 빨리 병원에 가세요.

Flashcard ✓

머리　頭
아프다　痛い
감기　風邪
잘 모르겠어요.　よくわかりません。

いろいろな副詞

時々・ときおり	常に	もっと	上手く・良く	動作に関わる時間の(スピーディーなど)速く・早く	(決まった時間より早め)早く
가끔	항상	더	잘	빨리/어서	일찍
再び	先に	ゆっくり	必ず	一生懸命・熱心に	まさに・ちょうど
다시	먼저	천천히	꼭/반드시	열심히	바로
急に	すぐ(に)	とても	本当に	ちょっと(婉曲)・少し	ちょっと(の間)しばし・しばらく
갑자기	곧	아주	정말로	좀/조금	잠시/잠깐
先に	また	一緒に	すごく・大変	つい先・少し前	多い・たくさん
먼저	또	같이	굉장히	아까	많이
別に	すべて	急いで	後で	このように	よく・しきりに
따로	다	얼른	이따가(日時の制限あり)/나중에	이렇게	자주
まず	ずっと	いまだに	実に・全く	みんな・全て	あまり・ずいぶん
우선	계속	아직도	참	모두	너무

Flashcard ✓

콘서트　コンサート
연수　研修
어땠어요?　どうでしたか。
문화　文化
체험　体験
배우다　学ぶ・習う
잡채　チャップチェ
　　　(韓国風はるさめ料理)
너무　あまり・ずいぶん
앞으로
　これから・将来・今後
왜냐하면　なぜなら
문법　文法
비슷하다　似ている

▶例文で覚えよう [対話]

❶ (A 씨) K-팝 콘서트를 보러 가고 싶어요.
　(B 씨) 저도요.
　(A 씨) 그럼 우리 주말에 같이 보러 가요.

❷ (A 씨) 한국어 연수는 어땠어요?
　(B 씨) 문화 체험 시간에 김치를 배우고 싶었지만,
　　　　김밥과 잡채를 만들었어요.
　　　　그래도 너무 맛있었어요.

❸ (B 씨) 전 앞으로도 한국어 공부를 계속 하고 싶어요.
　　　　왜냐하면 한국어는 일본어하고 문법이 비슷해요.
　　　　그래서 더 재미있어요.

付録　韓国語の辞書を引くときの「調べ方」

❶ 初声（子音の順）；

ㄱ → (ㄲ) → ㄴ → ㄷ → (ㄸ) → ㄹ → ㅁ → ㅂ → (ㅃ) →
ㅅ → (ㅆ) → ㅇ → ㅈ → (ㅉ) → ㅊ → ㅋ → ㅌ → ㅍ → ㅎ

※母音ではじまる単語(아이 など)は、「ㅇ」のところを見る。

❷ 中声（母音の順）；

ㅏ → (ㅐ) → ㅑ → (ㅒ) → ㅓ → (ㅔ) → ㅕ → (ㅖ) → ㅗ →
(ㅘ) → (ㅙ) → (ㅚ) → ㅛ → ㅜ → (ㅝ) → (ㅞ) → (ㅟ) →
ㅠ → ㅡ → (ㅢ) → ㅣ

❸ 終声（パッチムの順）；

ㄱ → (ㄲ) → (ㄳ) → ㄴ → (ㄵ) → (ㄶ) → ㄷ → ㄹ →
(ㄺ) → (ㄻ) → (ㄼ) → (ㄽ) → (ㄾ) → (ㄿ) →
(ㅀ) → ㅁ → ㅂ → (ㅄ) → ㅅ → (ㅆ) → ㅇ → ㅈ →
ㅊ → ㅋ → ㅌ → ㅍ → ㅎ

※終声（パッチム）がない単語が早い順になる。가 → 각 → 간 → 값 → 강 …のように。
その他、「김치를 먹습니다」の場合、먹습니다の基本形「먹다」と「습니다」をそれぞれ引く。

練習 1　辞書で「불조심」の「불」を調べてみましょう。

まず初声の「ㅂ」を探す。
その次に、中声の「ㅜ」を探す。
最後に終声の「ㄹ」を探す。すると「불」が見つかる。
それでは、辞書には「불조심」の意味は何と書いてありますか？

答．_____

練習 2　辞書に出てくる順番に並べ替えてみましょう。

| 마늘 | 젊음 | 아름답다 | 삼계탕 | 도로 |
| 차례 | 값 | 토지 | 홍두깨 | 비상구 |

① 값

② 도로

③ 마늘

④ 비상구

⑤ 삼계탕

⑥ 아름답다

⑦ 젊음

⑧ 차례

⑨ 토지

⑩ 홍두깨

延 恩株　（ヨン・ウンジュ）

韓国ソウル生まれ。
2009～12年、桜美林大学専任講師。
2013年より大妻女子大学准教授。博士（学術）。

速修韓国語 基本文法編

2017年4月10日　初版第一刷発行

著　者　延 恩株
発行者　森下紀夫
発行所　論創社
　　　　東京都千代田区神田神保町2-23　北井ビル
　　　　電話　03(3264)5254
　　　　http://www.ronso.co.jp
　　　　振替口座00160-1-155266

印刷・製本　中央精版印刷
デザイン　大類百世・竹鶴仁惠（大空出版）

ISBN978-4-8460-1586-2 C0087　©2017 Yeon Eun ju, Printed in Japan